現代最強雀士が教える確率思考

なぜ

ロジカルな人はメンタルが強いのか？

小林剛

飛鳥新社

はじめに

「メンタルが強い人」には、2種類います。

1つ目は、神経が図太い人。細かいことを気にせずにいられる人です。

これはもう、才能というか、生まれつきの資質です。私は細かいことを気にしてしまうタイプの人間なので、そういう人のことを「うらやましいなぁ」と思います。

2つ目は、物事を論理的（ロジカル）に考えられる人です。

「ロジカル」と「メンタル」、一見関係なさそうですが、実は大いに関係があります。

メンタルの強さは、「思考法」しだい。

たとえあなたが繊細で、傷つきやすい人であっても、論理的なものの考え方を身につけることさえできれば、今この瞬間からあなたの心は強くなるのです。

私、小林剛は「鋼《はがね》のメンタル」「サイボーグ」と言われるほど、メンタルが強いとされている麻雀のトッププロです。

プロ歴はまだ20年ですが、最高峰のタイトル「将王」を3度獲得し、トッププロが集う麻雀リーグ「RTDリーグ2018」でも優勝。チーム戦でも、AbemaTV（現在はABEMA）で全対局の動画配信が行われる「Mリーグ」で、私が率いるU－NEXT パイレーツが2019年に優勝するなどの成績を収めています。

変化の多い時代を生きている私たちは、漠然とした不安を抱えています。
「苦しい場面、どうすれば小林さんのようなタフなメンタルでいられますか？」
そんな質問をいただくことが、増えてきました。

その答えを示すために書いたのが、この本です。

麻雀は人生と似ています。
それは、**どちらも「選択の連続だ」ということです**。
働いている人なら、今日は何時に出社するか、誰に声をかけるか、どういう順番で仕事をこなすか、残業するかしないか……など、一瞬一瞬で小さな選択を積み重ねています。

休みの日なら、何時に起きるのか、ジムに行くかどうか、誰と会ってどこに行くか。

子育てをしている方なら、子どもにどんな声をかけるか、何を買い与えるか。

その選択の結果が、今現在のあなたです。

私は、麻雀も人生も、よりベストな選択を積み重ねた人が勝つし、豊かな人生を送ることができると思っています。

もしあなたが現状に不満を抱いているのなら、よりベストな選択を積み重ねることができなかったからかもしれません。

しかし、不安やプレッシャーに押しつぶされて、いつもよりも悪い選択をしてしまうこともあるでしょう。

よりよい選択を重ねていくには、ブレないメンタルが必要なのです。

私は、けっして図太い人間ではありません。

けれども、**なぜか「どんな場面でもまったく動じない人間だ」と思われています。**

図太くなくても、物事に動じない。

これが両立できるのは、なぜでしょうか？


それは、私は物事を論理的に考えることができているからです。

詳しくはこの本でお話ししていきますが、まず簡単に説明してみましょう。


まず、メンタルが弱い人の心の中を、私が代弁してみます。

「もし失敗しちゃったらどうしよう……」

「そうならないように、絶対に失敗しないように頑張ろう」

「失敗しちゃダメだ、失敗しちゃダメだ……」

「……不安で集中できない、いつも通りの力が発揮できない」

「やっぱり失敗してしまった……私はダメな人間だ……」


ちょっと誇張して言ってしまいましたが、多かれ少なかれ、こういう不安や自信のなさで悩むこともあるのではないでしょうか。

こういう人は、失敗はあってはならないものだと考えています。そのために「失敗したらどうしよう」という不安で押しつぶされてしまいます。

そもそも「絶対に失敗しない」なんて、「絶対に無理」です。

それに、このようにメンタルが揺れていては、本来の力を発揮することはできず、失敗する可能性も高まってしまうでしょう。

では、論理的な人は、どう考えているのでしょうか。私が代弁してみましょう。

「この件はおそらく、40%くらいの確率で失敗するだろう」

「失敗は十分にあり得るし、そうなったらもう仕方がないな」

「今回の成功率は60%だが、どうしたらこの確率を引き上げられるだろうか」

「……少しアプローチを変えると、70%くらいまで成功率を上げられそうだ」

「30%の確率で失敗するが、その場合のリカバリープランも考えておこう」

「さあ、失敗するかもしれないけど、いつも通り淡々とベストを尽くそう」

「どうやらうまくいったようだ。気負わずにできたからかな」

論理的に考えれば、「絶対に失敗しない」なんて、「絶対に無理」なのです。

金メダル候補の超有力選手が、予選落ちすることもあれば、無名のアマチュア選手が、名だたる強豪を抑えて頂点に立つこともある。

成功も失敗も、めったに起きないハプニングでさえも、一定の確率で起こりうる。

何が起きても、驚くべきことではありません。

これが、私の言う「確率思考」です。


しかし、「失敗する確率」「悪い偶然が起こる確率」から目を背けている人が、あまりにも多いのではないでしょうか。

あなたがすべきことは、緊張することでも、不安に思うことでもありません。

「成功する確率」「よい偶然が起こる確率」が高い選択を重ねていくことだけです。

「すべては一定の確率で起こることだ」と知っていれば、失敗を悔やむことも、不安に思うことも、力むことも、必要ないことがわかります。


この本を読むと、次のものが得られるでしょう。

・不安やプレッシャーを感じることがバカらしくなる
・目の前の課題や困難に対して平常心で臨むことができる
・日々の選択の精度を上げることができる
・麻雀がとっても強くなる（！）

私は麻雀のプロなので、どうしても麻雀の話が中心になってしまいます。

しかし、この本においては、麻雀はあくまで素材です。

皆さんのメンタルが強くなり、日々の選択の質を上げていくためのヒントをお伝えすることを主眼に、私はこの本を書きました。

また、麻雀初心者の方にも理解していただけるように、難しい例は出さないように注意しました。

この本が少しでもあなたのお役に立つようなら、著者としてこれ以上の喜びはありません。

小林剛

第1章 鋼のメンタルは「思考法」から生まれる

第2章 「ストーリー」に逃げない者だけが勝つ

第3章

好き嫌いを排除し「損か得か」で考えろ

第4章

疑い深い人だけが「本質」に近づく

第5章

鋼のメンタルができるまで

コラム

ミスも不運も、一定の確率で起こること。結果をコントロールすることは不可能なのだから、あなたは「よりベストな選択」を繰り返していくことしかできない。

そのことを理解した瞬間に、あなたのメンタルは強くなる。

第 1 章

鋼のメンタルは「思考法」から生まれる

01

「論理的に考える人」は何があっても動揺しない

人生は偶然のゲーム

私は麻雀プロの中でも「特にメンタルが強い」と言われています。

サイバーエージェント社長で、Mリーグ「渋谷ABEMAS」[1]監督の藤田晋さんは、私のことを「鋼のメンタル」と評しました。強いか弱いと問われれば、強いほうでしょう。自分でもそう思います。

しかし、本当に私のメンタルが強いのでしょうか?

誤解を恐れずに言えば、**私以外の人のメンタルが、弱すぎるだけではないでしょうか?**

何か少し悪いことが起こっただけで、「もうダメだ」と落ち込んで、投げやりになってしまう。そういう人が多すぎます。

それは麻雀プロの中でも、例外ではありません。麻雀は「いい偶然」と「悪い偶然」が起こり続けるゲームです。

なのに、なぜか悪いことが起こると「あの一手で心が揺れてしまった」とか、そう

1 オーナー:サイバーエージェント/選手:多井隆晴、白鳥翔、松本吉弘、日向藍子。

いう表現をする人がとても多いのです。

先日、ある企業で営業マンをやっている友人と昼にばったり会ったので、ランチを共にしました。ランチの間、彼は自分のスマホ画面を見ながら、「あー今日はツイてないなぁ、早めに切り上げて会社に戻ろう」とぼやきました。

聞いてみると、取引先から少々ガッカリするメールが届いたとのこと。なぜ会社に戻るのか尋ねると、「こういう日は次に回っても、うまくいかないことが多いんだよね」と話していました。

反対に、いいことが続いた場合に、「今日はツイてるから、なんでもうまくいくぞ！」などと言う人もよく見かけます。

こういう考えを、私は不思議だと思います。

人生も、そして麻雀も「いいこと」と「悪いことが」偶然起こり続けるゲームです。ゲームの構造をわかっていれば、何が起ころうとも、その後の判断や行動を変える必要はないのです。

最適解を選べなくなる残念な理由

麻雀プロのおそらく9割以上が、運・不運で感情を揺さぶられていると思います。

感情が揺れて、いいことは一つもありません。

強気で勝負すべきところで逃げてしまったり、逆に強気で行きすぎたりしてしまいます。冷静さを失っているとき、当人はなかなか気づきにくいものです。


メンタルが揺れてしまう原因としては、大きく2つあります。
・偶然起こった悪いことを、必要以上に気にしてしまうこと
・ミスをしてしまったとき、それを気にすること

たとえば、ひどく負けがこんでいて、それを取り戻そうとするあまり、無理をして傷を広げてしまう。反対に、大勝ちしていて気がゆるみ、足元をすくわれる。

いずれもよくあることです。

何かいつもと違うことが起こると、普段通りにできなくなる人が大半ではないでしょうか?


「普段通りにできない」とは、どういうことか。

次の最適解を導き出せなかったり、選択できなくなってしまうことです。

いつもなら、あなたなりの最適解を選ぶことができたでしょう。

しかしメンタルが揺れてしまったせいで、強気になりすぎたり、弱気になりすぎたりして、いつもと違う選択をしてしまうのです。

また、単純に視野が狭くなって、正しい判断ができなくなる人も多いです。

1つのことしか考えられなくなり、よりベターな他の可能性に気づかないで、チャンスを素通りしてしまう。メンタルが弱っているとき、緊張しているときこそ、そうした大事なものを見落としがちな気がします。

そこからさらにミスを重ねてしまえば、さらに動揺してしまい、よりいっそう正しい判断ができなくなる。そんな悪循環に陥ってしまうのです。

「鋼のメンタル」と言われる私ですが、感情がまったく揺さぶられないわけではありません。

でも、常に最適解を選び続けているという自信はあります。

それはメンタルの差というよりは、思考法の差だと、私は思うのです。

02

悪い結果を引きずるのは「論理的」ではない

■「不運は続く」に根拠はない

いいことが偶然起こったときは「ツイている」、反対に悪いことが偶然起こったときは「ツイてない」と表現することがあります。

たしかに、そういう局面が現れるのは事実です。人生も、そして麻雀も偶然のゲームなのですから。

ただ、よく考えてみてください。これらの「ツイている」「ツイていない」の評価は、過去に起こった偶然を評価しているにすぎません。

この先、何が起こるかには、まったく影響しないのです。

「ツイている」＝未来にも幸運な偶然が起こる
「ツイていない」＝未来にも不幸な偶然が起こる
つまり、このようにはなり得ないわけです。

一つたとえ話をします。

中身の見えない袋の中に、白い石と黒い石が1枚ずつ入っています。ここから無作為に1枚だけ取り出します。ちなみに、白と黒が選ばれる確率はまったく同じです。

これを戻して引くという作業を10回行ったとして、10回連続で黒が出たとしましょう。そのとき、次に黒が出る確率は何％でしょうか？

答えは当然50％です。黒の碁石が10回連続で選ばれる確率は、2分の1の10乗ですから非常にまれです。だからといって、次も黒が選ばれる確率は2分の1でしかありません。

「ギャンブラーの誤謬」に惑わされるな

ある事象が続いたとき、「次も同じ事象が続くのではないか？」と錯覚してしまう心理のことを、心理学の世界では「ギャンブラーの誤謬」といいます。

そもそも「ツイている」「ツイていない」という現在進行形の表現がそもそもおかしいのです。過去のことなのですから、「ツイていた」「ツイていなかった」が正しいのではないでしょうか。

「ツイていた」からといって、次の結果がよいものになるとは限りません。

同様に、「ツイてなかった」からといって、次も悪い結果になるとは限らないのです。

未来の結果は、過去の結果とは関係ありません。独立した因果関係によって、未来に起こるべきことが一定の確率で起こるだけです。

ビジネスやプライベートでも、まったく同じことが言えます。

今週の競合コンペで負けたからといって、来週のコンペで負ける確率が高まるわけではありません。同様に、今週のお見合いでフラれても、来週のお見合いでもフラれる確率が高まるわけではありません。

どちらも、今週と来週とでは別の因果関係で結果が出る、別のゲームだからです。

（ただし、意気消沈してあなたのパフォーマンスや魅力が下がることで、うまくいく確率が下がることもあるかもしれませんが、そもそも意気消沈する必要もありませんし、それはここでは考慮しません）

私たちは常に、一瞬一瞬でベストを尽くしていくしかないのです。

03

ミスを後悔する人は自分を「過大評価」している

後悔も動揺も損でしかない

「ミスは絶対にするものだから、気楽にやったほうがいい」

ミスして落ち込んでいる人や、普段通りの麻雀が打てなくなってしまう人に対して、私はこうアドバイスしています。

私はプロ雀士なので、視聴者や観客の前でプレーすることがほとんどです。皆さんもプレゼンやスピーチなどで、人前に出ることがあるかもしれませんね。

人前に出れば、大なり小なりパフォーマンスは下がります。外から冷静に見れば気づくことでも、舞台に立っている本人には見えない。何か大切な兆候を見逃してしまう。これは誰にでも起こり得ることだと思ったおいたほうがいいでしょう。

ごくまれに、「多くの人前でこそスーパープレイができる」という人もいるかもしれませんが、それは例外中の例外です。

プレッシャーがかかる局面でなくても、ミスは起こります。

「今後はしない」と、どんなに心に誓っても、やっぱりミスはなくならないのです。

したがって、考えるべきことは、ミスをした直後にどう思うかです。

ミスを気にする人は、それを気にして判断が揺れることで、どんどん深みにはまっていくことがほとんど。これではなんのプラスにもつながりません。

ミスをしてしまったとき、私自身はどうしているか。

忘れるか、笑って済ませることにしています。

「あ、ミスしちゃったよ！　ワハハハ」という感じです（まあ対局中笑うわけにはいきませんが）。だからよく言われるように、顔に出ないのだと思います。

そういう心境になれたのも、失敗を何度も繰り返してきたからと言えます。何度もつまらないミスをして、ミスそのものに慣れてしまったこと。そこでいちいち後悔し動揺することが、なんの得にもならないということ。これを、身をもって実感し続けてきたからかもしれません。

ミスの効用にも目を向けろ

プロとは、失敗を見せる商売だと思います。勝ったり負けたり、間違ったりするのを人前で全部見せるのが仕事なのです。

2020年のプロ野球ペナントレースで、広島東洋カープの菊池涼介選手が、守備率1・000でシーズンを終えました。これは二塁手としては史上初の快挙で、ニュースでも取り上げられていました。

プロ野球の世界でも、守備率100%は難しく、達成したことが大きく話題になるのです。エラーがないことが当たり前の世界の中でも、年間5~10のエラーは起こります。10回エラーしたから引退、というわけにはいきません。

打撃の場合でも、**一流の打者でも7割が凡退で、成功率はよくても3割程度です。**一般的なプロ選手では、500打席立って300打席以上は失敗に終わるのが当たり前。そのたびに落ち込んでいたら、きりがありません。

麻雀のミスもこれと一緒だと思います。

Mリーグでは、重大なミスにはペナルティーが課されています。チョンボ（反則）の場合は2万点減点、多牌・少牌のときはアガリ放棄となります。これらは「ミスは絶対にありうる」からこそ設定されたルールです。

言い換えれば、麻雀のルールは、ミスはあるものだという前提でつくられています。たしかに少々痛いペナルティーではありますが、その局で人生のすべてが決まるわけではありません。対局はその後もずっと続きます。大騒ぎすることではないのです。「面白い動画を残したなぁ」くらいで、プロとしてミスを見せるという気概を持つのも一計だと思います。

2020年Mリーグが始まって1月ほど経った頃、ある対局で同卓したサクラナイツ[2]の岡田紗佳さんがオーラス[3]で自身のトップを確定させるべくわざと振り込みにいったところ、細かい点数計算のミスで私との同点トップになってしまったことがありました。

本人はひどく落ち込んでいましたが、このくらいのミスは誰にでも起こりうるもの。それに動揺して次に影響するようなことこそがまずいのであって、あまり気にせ

2 オーナー：KADOKAWA ／選手：内川幸太郎、岡田紗佳、沢崎誠、堀慎吾。

3 最終局のこと。

ず、前を向いてほしいと思います。

インタビュー後、「ミスを見せるのもプロの仕事の一つだよ」と励ましたところ、「そういう考え方もあるのですね！　ありがとうございます」と感謝されました。

これは共感してもらえると思うのですが、プロが見せる人間らしいミスは、一つのエンターテインメントなのです。

自分を慕ってくれる後輩の前でミスをしたときに、恥ずかしいと感じてしまうかもしれません。**しかし、その後輩は先輩の人間味あふれるミスを見て、気持ちが楽になるかもしれません。**

さらに、その後の対処を教えるよい機会になるかもしれないのです。

とにかく、ミスは悪いことではないし、ミスしたことを後悔する必要はありません。

「無傷だったミス」にこそ注目

ミスはいつでも起こりうるし、それを後悔して動揺してしまうことはなんの得にもなりません。

問題なのは、多くの人が、「悪い結果につながってしまったミス」だけ気にしていることです。

気づいていないだけで、私たちは目に見えない無数のミスを犯しています。

その大部分はなんの悪影響も及ぼさず、そのまま通り過ぎてしまうものです。自覚しているものもあるでしょうし、気づいてすらいないものもあるでしょう。

悪い結果を起こしたミス、そうでないミスにかかわらず、こうした無数のミスの原因を分析し、次に活かせるように改善を施すことが大切です。

常日頃からミスの分析をしていれば、普段どれだけミスをしているか嫌というほどわかります。すると、ミスが減ることはもちろん、悪い結果につながったミスだけ取り上げてガッカリしたり、心が揺れたりすることもなくなってくるでしょう。

「本番に弱い」は言い訳にならない

ちなみに、私はミスをしたときに、自分に腹を立てる気持ちは起こりません。

なぜなら、「頻繁にミスをする」ところまでが自分の実力だと思っているからです。

もし「普段しないミスをしてしまった……」と腹を立てているなら、「自分をミスをしない人間だ」と過大評価しています。もちろん、ミスの頻度には個人差があると思いますが、そのミスの発生頻度も含めたところまでが実力だと認識すべきです。

これは学校の勉強にも似ているかもしれません。

練習問題のときからよく間違えていたのに、試験の結果が悪かったことだけ取り上げて「あ~俺は本番に弱い」「ツイてない」と嘆くのはおかしいと思うのです。

私自身、学校のテストでは、ミスが非常に多い学生でした。今思うと、そこから自分のミスに慣れてしまったのかもしれないですね。

ミスに対するこういう考え方は、私が人に麻雀を教える機会を重ねるうちに、言語化していったものです。

麻雀を教えるとき、技術の話をする人が多いですが、それはあくまで枝葉の話。

それよりは、「麻雀というゲームの本質はこういうものだよ」という基本的な考え方、麻雀の捉え方を教えるほうが大事だと思っています。

その本質の一つが、「ミスはするものなので後悔する必要はない」ということ。そう考えることができれば、麻雀に限らずなんでも楽しく早く上達できるはずです。

04

「緊張してもいい」と思うと緊張しなくなる

緊張が緊張を呼ぶ「負のスパイラル」

メンタルが強いと言われる私でも、もちろん「緊張」はします。他人には緊張していないように見られますが、大事なところではいつもより緊張しています。

緊張が悪いことだとは思いません。ダラけすぎてもダメですし、緊張でガチガチでもダメだと思っています。「ほどよい緊張」がベストではないでしょうか。

心理学者のロバート・ヤーキーズ、J．D．ドットソンが、ネズミを用いた実験で、**「ストレスなど適度な刺激が脳にある状態のほうが身体的パフォーマンスは上がり、逆に刺激がないとパフォーマンスは下がる」という研究結果を発表しています。**こうした研究結果を受けて、スポーツの世界でも、ほどよい緊張はむしろ必要と言われるようになってきました。

とはいえ、それで緊張で悩む人が救われるわけではありません。

「あがり症なので…」「緊張すると手が震えるんです」という悩みを、私も時々聞きます。悩みを解消したい、なんとかしたいと苦労してきた人も多いでしょう。

しかし私は、悩みというよりは、個人差、個性、体質として捉えたほうがいいと思います。

緊張すると手が震える人は、実は麻雀界にも結構いるのです。高い手が来たときに手が震える人もいれば、アガって何分間か、震えている人もいます。興奮状態になると手が震えてしまうというのは、メンタルが弱いわけではなく、体質的なものだと思います。

そういう人は、「震えちゃダメだ」と思うと、余計震えてしまうこともあるでしょう。

むしろ、「手は震えるものだ」と思ったほうがいいです。

とある医師から聞いた話ですが、緊張してしまう人は、人前に出たときに「また緊張してしまうのではないか」「緊張して顔が赤くなったり手が震えたりして、笑われてしまうのではないか」と自分にばかり注意が向いてしまい、これがさらに緊張を招いてしまいます。

その緊張がまた自分の悪い経験として残り、同じような場面になったときに思い出す。この「負のスパイラル」に陥っているのだそうです。

そもそも震えようが震えまいが、誰も得も損もしないし、もともと誰もあなたが震えていることに興味など持っていません。むしろ「あ、震えてるな」「これ次、震えるな」と、冷静に、客観的に自分を眺めていればいいのです。**すると不思議なことに、震えが収まってきたりします。**

もちろん、収まらない可能性もありますが、それはそれでいいのです。

メンタルが弱い人は開き直ってしまえ

Mリーガーの中でメンタルが強いと思う人は、そんなにいません。

私が所属するチーム・パイレーツ[4]の4人のメンバーでいうと、石橋伸洋はだいぶ強い部類です。瑞原明奈は、比較的メンタルで揺れやすい傾向にある女流雀士の中にあっては、やや強いほうかと思います。

弱いと思う人はたくさんいます。

同じくパイレーツの朝倉康心は、だいぶ弱い部類です。

朝倉のメンタルは本当に弱いと思います。Mリーグの試合で、どんな結果であって

4 オーナー:U-NEXT/メンバー:小林剛、朝倉康心、石橋伸洋、瑞原明奈。デジタルコンテンツの配信企業がデジタル派の雀士で編成。2019年Mリーグ優勝。

も、彼はだいたい落ち込んで控え室に帰ってきます。トップを取ったときですら「こんなトップじゃダメだ」と嘆いているほどです。

ただ、彼の場合はちょっと考え方が特殊で「メンタルは弱るものだ」というふうに開き直っているところがあります。

「今日の自分はメンタルが弱っているから打たないほうがいい」とはっきり言える、変わったタイプの男です。

麻雀は、さまざまな偶然と戦うゲームです。

したがって、打たれ強い人が強くなる傾向があります。

麻雀は4人に1人しかアガれない、思い通りにならないことで埋め尽くされたゲームです。そんなゲームに出場し続けるというのは、基本的には前向きな人、負けても負けても前に進める人が向いていて、そういう人しか強くなれないのです。

朝倉はそのような中で、極端なネガティブ思考を持っています。

「自分は弱い」「下手くそだ」「もっと何とかできた」という思考を突き詰めて、勉強を重ね努力して強くなった希有の人材と言えます。普通の人は「勝とう、勝とう」とするところを、朝倉は「マイナス要素を減らそう、減らそう」と思考します。

基本的に、反省しながら生きている人なのかな、とは思います。普段から「何とかできなかったか」ということを常に反省している人です。

ちなみに朝倉がそのモードになると周りが見えなくなり、話しかけても反応しません。

本人は「ネガティブな人ほど麻雀が強い」と言っていましたが、私は「いや、それは君だけだ」と言ってあげました(笑)。

とはいえ、「手は震えるものだ」と開き直るのと同じで、「メンタルは弱るものだ」と開き直っていることは、彼の強さの秘密と言っていいと思います。

もしあなたが、メンタルが弱いと自覚しているなら、そんな自分を責めるのは無意味です。揺らいでいる心を、さらに揺さぶってしまいかねません。

開き直って、ロジカルに、最善の手を打つことだけ考えていくべきです。そうすれば、必ず道は開けてきます。

05

「想定内」なら不運だって怖くない

振り込む覚悟を持てばいい

2つの道の分岐点に立ったとき、どちらを選択すべきか？
その選択次第で、人生が大きく変わる。
そういう場面は誰でも緊張しますし、身の引き締まる思いだと思います。
仕事やプライベートでも、こういう場面に出くわすことでしょう。

転職や起業をするべきか、今の職場にとどまるべきか。
重要なビジネスパートナーに、伝統と安心の大企業を選ぶのか。イノベーティブなベンチャー企業と組むのか。

世に名を残す優秀なビジネスマンや経営者は、多かれ少なかれこうした決断を果敢に行っています。「持ち帰って検討します」では、チャンスを失ってしまうかもしれません。

麻雀も人生も、決断と選択の連続です。運の要素もありますが、**よりベストな選択**

5 捨て牌やドラなどから類推して、捨てても他の人にアガられる可能性がない牌。

をし続けた者が最終的には勝者になります。

ですから、「リスクとリターンを天秤にかけて、より勝利に近づく確率の高い決断を繰り返していく」というのが、勝負事に対する真摯でロジカルな態度といえます。

たまに「安全牌[5]がなくなり、対戦相手が待っているかもしれない牌を切るときって、不安ですか？　どんな気持ちで決断しているのですか？」という質問を受けます。安全牌でないならば、振り込んで[6]しまう確率は必ずあります。私は常に「当たるかもしれない」と覚悟して勝負しているので、不安に思うことはありません。

つまり、**望ましくない事態であっても、想定の範囲内なのです。**

たとえば天和[7]（テンホー）でアガられたとしても、そのことで大騒ぎしても仕方がないでしょう。麻雀とは構造上、そういうことが起こりうるゲームなのですから。

最悪の事態でも予定通りに行動しろ

手牌に、白と中の字牌が1つずつあったとします。場の状況的にどちらも簡単に揃いそうにないので、どちらかを捨てようとして迷った挙句、白を捨てたとしましょ

6 自分の捨て牌で他の人がアガる（ロンする）こと。放銃ともいう。

7 役の種類で、役満。最初の配牌がすでにアガリの形になっている。

う。その直後にツモった牌が白だったら、あなたはどう思いますか？

一般的には「失敗した！　中を切ればよかった…」と後悔する人が多いでしょう。

でもこれはおかしな思考なのです。

最初の白を捨てた時点で、「もし新たに白をツモってきたら捨てる」という次の手も、一定の確率で予定されます。

再び白が来ることは想定内であり、同時に「白を捨てる」ことも予定通りの行動といえます。想定された現象、予定された行動なのに、後悔したり動揺したりすることはまったくの無駄です。

一般社会でも、低確率であれ、考えられる悪い結果というものはあります。偶然それが起こったからといって、ショックを受けたり、いつまでもそれを引きずるのは得策ではありません。

どんなに認めたくない結果でも、それはあくまでも想定内です。

どのような結果が起きようとも、それが起こったときに次にどうするか、これを事前にいくつも考えておきましょう。あとは予定通りに淡々と行動するだけです。

麻雀という不確実なゲームは、人生やビジネスと同じで、たとえベストな判断をしても、結果的に悪い状況に進んでしまうこともありえます。

そういう「ゲーム」だと受け入れて、冷静な判断をし続けていきたいものです。

選択肢の「メリット」「デメリット」

麻雀は確率のゲームなので、正解がわかりづらいところがあります。

なので、「小林さんならどっちを切りますか?」などと尋ねられたときに「どっちでもいいよ」と答えることは結構あります。

アドバイスするときには、私は「こっちを切ったほうがよい」という答えを出すよりも、「どっちもありうるので、両方のよいところ悪いところを考えてみなさい」と促すようにしています。つまり、それぞれパターンで、根拠の説明を求めるのです。

このとき、考えうる限りの根拠を見つけるのがよいでしょう。

メリットとデメリットの根拠をできるだけたくさん考え、両方ありうることを知ったうえでとったアクションならば、デメリットのほうの結果が現れたとしても、それは想定内なので動揺することはありません。

野球にたとえてみましょう。キャッチャーがピッチャーに対し、次に内角高めか、外角低めか、どちらのコースに投げさせるか迷ったとします。内角高めなら、長打のリスクを承知で三振を取りにいくのでしょう。外角低めなら、長打のリスクを避けつつも、ゴロでランナーが進むことは許容する、といった考え方になります。

三振狙いで内角高めに投げさせて、長打を打たれたのなら、それは想定の範囲内です。メリットとデメリットを把握したうえで選択した配球で打たれたら、それはもう仕方ありません。嘆く必要は、まったくないのです。

（私は麻雀以外に詳しいものが少ないので、野球の例が多くなることをお許しください）

渋川難波《しぶかわなんば》や勝又健志《かつまたけんじ》など、理論的な解説で人気のプロ雀士がいます。彼らは「こういうふうに考えて、こう打ったんですね」という説明の仕方を常にしています。

なぜこうした解説ができるかというと、彼らが常日頃から、打牌《だはい》の選択肢すべてについてのメリット・デメリットを広く考えているからだと思います。

このように、考えうる選択肢すべてのメリット、デメリットを事前にいくつも考えておく作業は、ピンチにも動じない思考訓練になります。

選択肢と根拠をたくさん持っていればいるほど、あなたは強くなれるでしょう。

06

「理不尽」は存在しない

すべては確率通りに起きている

何が起こるかわからないことをよく「理不尽」という人もいます。

でも、それは本当に「理不尽」でしょうか？

あまり出くわさない、低い確率で起こる事象が起こり続けることを「理不尽だ」「確率の偏りが起こった」と表現をすることがありますが、これは間違いです。

当然、発生する確率が高い事象、低い事象というものは存在します。また、ときによって、発生する確率の低い事象が繰り返し起こることもあります。

しかしこれは、「結果の偏り」であって、「確率の偏り」ではありません。

すべての事象は０％≦ｘ≦１００％の確率の中で起こっており、その確率で「ありうることが起こり続けている」だけなのです。

たとえば同じ人が４回連続でアガったとします。皆さんは「こんなことありえない！」などと言うわけですが、４局やって同じ人が４局アガる確率は２５６分の１ですし、４人のいずれかが４回連続でアガる確率は64分の１になるわけです。さら

8 立直（リーチ）をかけてアガった際、ドラ表示牌の真下にある牌の次牌が裏ドラとなり、これを持っていると得点が加算される。

に、10局のうちどこか4局で連続してアガる確率になると、さらに高まります。

こうした確率の低いことが起きて「理不尽だ」と嘆いたりしますが、**実際には理不尽でもなんでもなく、ただ起こるべきことが一定の確率で起きているだけなのです。**

かなりの数の対局を経験している麻雀プロでも、理不尽という言葉を使います。

まあ、気持ちはわからないでもありません。コツコツと地道に役をつくりあげてきていた人が、別の人にリーチ一発ツモ裏[8]ドラ3でまくられる……。切ない結果ではありますが、そもそも麻雀とはそういう構造のゲームなのです。

その麻雀を広めることを仕事にしているプロが、これを「理不尽」だと言ったり、そこで動揺していてはいけないと思います。

よく聞くのが、アガリ牌が3つある三面張でリーチしたところ、アガリ牌1つの嵌《カン》[9]張《チャン》で待っていた人に負けたとき。「ウソだろ。今日はツイてない」と嘆くケースです。アガリ牌が3つある自分のほうが3倍アガれる可能性があったのに、負けてしまったのは「理不尽だ」と、否定したいのでしょう。

3対1の勝負ということは、4回に3回は勝つけど、4回に1回は負けるということ

9 嵌張聴（カンチャンテン）。2つの数の間の牌が待ち牌となっている状態。

とです。あなたが4分の3の確率で勝ち、相手が4分の1の確率で勝つゲームなら、当然ながらあなたは4分の1の確率で負けます。

麻雀は4人で打ちますので、そもそも自分がアガる確率が4分の1なのです。自分がアガったときは気にも留めないのに、アガられたときだけ気にしてしまう人は多いものです。

確率は、誰にでも公平で絶対的なものです。期待や願望という色眼鏡で見てはいけません。

「ありえない」はありうる

麻雀は、偶然の繰り返しゲームです。こんな経験もありました。

ある局で、1巡目でテンパイ[10]になっていた私がダブルリーチ[11]をかけました。しかし結局アガることができず、流局したのですが、なんと流し満貫でアガられてしまったのです。流し満貫は、誰にも鳴かれずに幺九牌《ヤオチューハイ》[12]だけを切り続け、流局したときだけに成立するのとても珍しい役です。このときは正直びっくりしました。

決勝戦の条件戦でも、いろんな奇跡はありました。あるとき、「この局でアガれば

10 手牌があと1枚の牌で役が完成する状態。そうでない状態はノーテン。

11 親は配牌、子は第1ツモの時点でテンパイし、立直すること。

優勝」という場面で私がリーチをかけました。両面待ちで、どっちが出てもアガリという形です。ちょうど河底《ホウテイ》[13]で高めが振り込まれて優勝決定！……と思いきや、その試合では「河底で高めが出た場合だけアガれない」というきわめて特殊な点数状況だったので、結局アガれなかったのです。

ルールの是非については思うところはあるものの、そんな悪い偶然、びっくりするような悪い結果というものでも、絶対に起こらないとはいえないのです。

私自身そういうことを何度も経験してきているので、もちろん驚きはしますが、その後の打牌に影響することはありません。

過去の悪い偶然は過去のものであって、未来にも続くわけではないからです。

反対に、こういうこともありました。

２０１９年Ｍリーグ、ファイナル最終試合オーラス、渋谷ＡＢＥＭＡＳ（多井）にわずかながらの可能性は残っていたものの、優勝争いはわがパイレーツ（小林）とフェニックス[14]（魚谷侑未）２チームにほぼ絞られていました。流局して私がノーテン宣言すればパイレーツの優勝、魚谷がハネマン[15]以上をツモるか、満貫を直撃すればフェニックスの逆転優勝です。

12 字牌（東南西北白発中）、萬子、筒子、索子の1と9の合計13牌をいう。

13 局の最後の捨て牌のこと。

魚谷にハネマンをツモられた場合はしょうがないとして、私はこの局面で無理にアガる必要がなく、とにかく魚谷に振り込まないように、1巡目から魚谷の捨て牌を見て安全そうな牌をため込もうとしていました。

6巡目、魚谷の番で大長考が始まりました。魚谷はハネマンを狙ってくるだろうから、ここから難しい選択になっていくだろう。「間違えろ、間違えろ」と思っていたところ、そこで「リーチ」の声。正直、「早すぎ！」と思いました。

この6巡目の段階では、私の手牌には100%安全な牌がまだ東の1枚しかありませんでした。リーチがかかって一発目で東を切って、もう手詰まりです。安全だけを目標にやってきたのに。

こうなったらもう、長年培ってきた読みの技術でしのぐしかありません。1番安全そうな牌から切っていって、それでロンと言われてしまえばしょうがない。

いくつかの捨て牌が通っていくうち、安全牌も増え、結果無事流局になり、パイレーツが2019年のチャンピオンになることができました。

1年間90試合以上戦ってきて、レギュラーシーズンもセミファイナルも最下位での勝ち抜け。ファイナルの最後の最後でこんな劇的な局面が起こる。麻雀とはそんなゲームなのです。

14 オーナー:セガサミーHD／メンバー:魚谷侑未、近藤誠一、茅森早香、東城りお。

15 麻雀の得点の一種。子の場合は12,000点、親の場合は18,000点。

07

「絶体絶命」のピンチに備えておく

窮地に陥った場面をイメージしておく

よいことも、悪いことも、すべては一定の確率で起こりえます。**悪いことが起こるのも想定内なのですから、それが起こったときにどうすべきか、事前に考えておくべきでしょう。**それが準備です。

準備とは、窮地に陥った場面をイメージして、その際に困らないようにするには具体的にどうすべきか、今何ができるかを考えて、用意しておくことです。

準備の大切さについては、ビジネスや学問の世界はもちろん、イチローさんや赤星憲広さんなどプロ野球選手も説いています。なので私があえて言う必要もないかもしれませんが、一つだけ準備にまつわるエピソードをお話ししましょう。

私はもともと右利きですが、左手でも麻雀を打ってきました。なぜなら、あるとき右手を負傷してしまったからです。

２０１７年に「麻雀プロ団体対抗大運動会」という番組がありました。本来の仕事とは違いますが、ファンから「小林が走っているところを見たい」という声もあったので、麻雀プロの認知度アップにもなり、ファンに選手の意外な一面を知ってもらうきっかけになるのならば、と思って出場していました。

障害物競走でスターターを務めた私は、途中で転倒してしまい右手を痛めてしまったのです。

そこから右手の調子がよくないときは左手で打つようになり、さすがに右手と同じようにサクサクとはいきませんが、ほぼ違和感なく打てたように思います。

というのも実は、この運動会の前から、左手麻雀の練習をしていたからです。

そのため、麻雀の試合への悪影響を最小限に抑えることができました。

「手の両利き化」はリスクマネジメント

左手で打つ練習をし始めたのは、プロ連盟の山田浩之さんという選手の影響です。

ある番組で山田さんと同卓したとき、何か手さばきが不自然だな、と感じたことがありました。不思議に思って見ていたのですが、山田さんは左利きだったことを思い出したのです。

放送対局で左利きの人が打つと、手の動きで手牌が見えにくくなります。今ではカメラを逆に置くようになりましたが、初めての企画ということで、山田さんも右利き用に設定されていたカメラに合わせて、文句を言わずに右手で打っていたのです。

これに気づいたとき、「この人すごいな」と思いました。できるだけの準備をするのがプロ。私自身にも何があるかわかりません。**今後右手をケガするなどして、左手で打たなければならないことは、「確率的にありうる」と思いました。**

ですから、いつ左で打つことになってもいいように、少しずつ左で練習していたのです。

ちょうど、「健康麻雀」でご高齢の方々向けの麻雀教室をやっていたので、そういう場面でゆっくり切るところから練習していきました。少し慣れてきた頃にちょうどケガをした、というわけです。練習しておいて本当によかったと思います。

左で字が上手に書けないのと一緒で、最初は不便でした。切るのは遅いし、手牌もでこぼこになるし、座り方や姿勢にも違いが出てきます。動作に気をとられて気が散ってしまうこともあるので、大事な対局では多少無理をしてでも右手で打つこともありました。

左手で打ってみて、いくつか発見がありました。麻雀は右利きでやりやすいようになっているということです。捨て牌の揃え方もそうですし、ポン、カン、チーのときにも、左手だと手牌をまたいで置く動作になり、どうしても違和感があります。右手は養生の甲斐もあってもう大丈夫だと思いますから、おそらく今後は右で打っていくことになると思います。

ビジネスパーソンの方も、いつ体調を崩してしまうかわかりません。事故やケガで入院せざるを得なくなることもあるでしょう。

万が一そうなった場合、あなたの仕事をどうするか、事前に決めていますか？

ＰＣのハードディスクがクラッシュして、大事なデータが消えてしまうこともありえます。

そうならないように、データの格納はオンラインストレージに一本化するか、自動的にバックアップできるよう設定して、備えておくとよいかもしれません。

どんなに起こってほしくない事態も、起こりうるのですから、事前に準備しておくべきです。

準備さえしておけば、「何があっても大丈夫」という安心感を持つことができます。

コラム1

私が無表情と言われる3つの理由

「小林さんは無表情だ」とよく言われますが、いくつか理由があると思います。

第一には、勝手につくられた「窮地に追い込まれた小林」などのストーリーとのギャップです。周りは色眼鏡で見ようとしているのに、私は普段と同じようにしか状況を捉えていないので、落ち着いて見えるということです。

第二に、少々のミスには慣れてしまっているというところがあるでしょう。長年の経験から、切り間違いなどには動じません。切って「あっ、間違えたこっちだった」というケースはいくらでもあります。

第三としては、「余計な動きをするな」という教えを励行しているだけです。順番が回ってきて「うーんどうしよう」という顔やポーズをする人がいます。こういう仕草をみると、私は「腕組んだりしてないで、早く切れよ」と思います。

牌を持ってきたら手を止めて、切る牌を決めたら切る。持ってきた牌は、その空いたところに入れて、あとは動かない。というのが昔の作法でした。

私は昔から人前で麻雀を打ってきましたし、厳しい作法を叩き込まれてきましたから、こうした無駄な動きをする習慣はつきませんでした。

私が大学時代に通っていた雀荘では、切るスピードが速い人も多かったので、自分の番で腕を組んだり、身をよじったりする暇はなかったのです。

麻将連合[16]に入ってからは、ギャラリーがいる前で麻雀を打つ機会を多くこなしてきました。人に見られている場で、みっともないことはできなかったのです。

全国を大会で回るようになって、「観に来たり同卓したりするファンのためにも、牌を綺麗に並べて、ちゃんと自分の打牌の理由も説明できるようになりなさい」という指導もありました。これは20、21歳ぐらいのときから厳しく鍛えられてきました。

以上のようなことが、私が「無表情」と言われる理由ではないかと思います。

とはいえ、Mリーグの他選手も、さほど変わらないのではないでしょうか？

時々「困ったなあ」という顔をする人がいるだけで、普段はみんなさほど顔に出してはいないはずです。これも「小林は無表情」という色眼鏡なのでしょうか。

16 麻将連合（マージャンれんごう）、通称μ（ミュー）。元最高位戦日本プロ麻雀協会代表の井出洋介が、純粋な競技麻雀の普及を目指して1997年に設立した麻雀リーグ。

事実から目をそらし、ストーリーに酔う。先輩から言われた通りにやる。どちらも楽だ。しかしそれで進歩は望めない。

51対49の「51」を選ぶために、考えることをやめるな。わずか2の差を積み重ねた者だけが勝つのである。

第 2 章

「ストーリー」に逃げない者だけが勝つ

08

「流れが来ている」は オカルトだ

科学や論理を拒むオカルト思考

私はプロ雀士の鈴木たろう、村上淳とともに「オカルトバスターズ」というものを結成し、麻雀界にはびこる「オカルト」の撲滅運動に勤《いそ》しんでいます。

まずは、そもそも私が何をオカルトと言っているのか、誤解されないようにちゃんと説明しておきたいと思います。


オカルトと聞いて一般的には「超常現象」「怪奇現象」「幽霊」等のキーワードを思い浮かべる人が多いと思います。もちろんこれらはオカルトの代表例ですが、私が意味しているのは、もう少し幅広く、根本的で、身近なものです。

私が言うオカルトとは、「科学的根拠に基づかない事象、推測、思考」のことです。


「心霊スポットに行ったら、翌日肩が重くて上がらなくなった。きっと霊に祟られてしまったんだろう」

「ナスカの地上絵は、当時の技術では到底描けることのできない規模のものだ。だからきっと、宇宙人がＵＦＯでやってきて描いたんだろう」

これらは一般的に言われるオカルトだと思いますが、これと、

「今日はツイているから、次もいい牌がツモれるだろう」

と言うのも、同じく「オカルト」だと思うのです。

なぜなら、**事象と事象の間に、科学的な根拠に基づく論理性がないからです。**

当然、この世では、不思議な出来事が数多く起こります。その不思議な出来事一つひとつは、現在の科学では説明がつかないようなこともあります。しかし、だからといって、それが「幽霊」だったり、「宇宙人」だったり、「神様」だったり、「運」や「ツキ」の仕業と決めつけてしまうことこそが、オカルト思考だと思っています。

「運が悪かった」は思考停止

オカルト思考に陥ってしまうと、その根拠や理由を自分の頭で考えることがおろそかになってしまうので、次につながりません。

たとえば、これまで「今日はずっとツイている」と言うことで、通常よりも強引な

攻めをして失敗し、「ああ、調子に乗ったからバチが当たったった」「ツキがなくなってしまった」で終わらせてしまうような場合です。

通常では打たないような、勝つ確率の低い選択肢をとったから失敗したわけです。その失敗で「過去がどうであれ、ツモは確率通りに起こる」という当たり前のことを学び次に活かせればいいのですが、それを運や神のせいにしてしまっていては、正しい学習ができなくなってしまいます。

監督として3度のプロ野球日本一を達成した野村克也さんが、生前、「勝ちに不思議の勝ちあり、負けに不思議の負けなし」という言葉を残されました。麻雀の世界に限って言えば、私は正直、負けにも不思議の負けがあると思います。運悪く、最悪の悪い配牌になったりすることは当然あるからです（私は、運がいい・悪いがない、と言っているわけではありません）。

しかし、ここで野村克也さんが言おうとしたことは、何事も「不思議だなぁ」で終わらせてしまおうとする思考停止にこそ問題があるのだ、ということだと思います。「負けてしまったことを運のせいにして、そこで誤った判断をしていたり、新たにわかった傾向を見逃したりしていては、勝負で勝つために積み上げていけるものは何もない」と言いたかったのではないでしょうか。

たしかに、オカルト思考でなんでも運やツキのせいにしたり、迷信を信じきってしまうのは楽です。でもそれでは上達は望めないのです。

神様は見ている？

麻雀業界には、昔からオカルト的な発想をする人がかなりいました。

具体的には、

「ツイているときは負けないから押せ[1]」

「ツイていないときは我慢しろ」

「いいプレーをすると見返りが来る」

「麻雀の神様は見ている」

というような考え方です。


私自身も先輩から、「お前、ツイてるんだからそこは押さなきゃダメだろう」とか

1 役を揃えて自分がアガることを優先し、危険牌も切っていくこと。

「今は逆流にいるんだから、我慢しなきゃダメだ」というアドバイスをもらうことも多々ありました。

私が麻雀プロになりたての頃は、麻雀理論にもこうしたオカルト的な発想がはびこっていて、特に「流れ」についてはほとんどの方が言及していました。

私はプロ入り当初からオカルトを否定してきたので、私のことをよく思わない先輩方も多くいたと思います。ですから私の成績が悪かったときには、鬼の首を取ったように「だからお前の麻雀は浅いんだ」などと言われていたことを思い出します。

麻雀の世界でこのようなオカルト的な思考が主流になってきたのは、古くは阿佐田哲也[2]さんの本などからの影響もあったかもしれません。昔から言われる「麻雀はツキのやりとりだ」というような発想は、このあたりから生まれたと思います。

阿佐田哲也さんの著書で、麻雀というゲームが広く浸透したという功績は非常に大きいものだと思います。**しかし、こうしたオカルト発想が一人歩きした結果、麻雀の科学的な思考を妨げてしまった側面は、少なからずあったと思います。**

また、麻雀界でビッグ4と言われていた井出洋介さん、金子正輝さん、飯田正人さん、安藤満さんなども、「流れ」に言及することがあります。

2 1929〜1989年。「雀聖」とも呼ばれた、麻雀小説作家。代表作に『麻雀放浪記』。本名は色川武大で、直木賞を受賞している。

こういう方々は、しっかりとした論理的な解説にのせて、たまに「流れ」の話を織り交ぜてくるので、多くの人たちの耳にもなじんでしまったかもしれません。これも、「流れ」が広まってしまった原因ではないかと思います。

もちろん昔の時代にも、たとえば山崎一夫さん、天野晴夫さんのように「麻雀の流れというものはデタラメだ」と、オカルト的な発想を否定する方もいました。

また、10人に1人くらいの割合で、実はオカルトを否定しながらも、表向きは大人しく語調を合わせてきていたようなプロもいらっしゃったようです。

たとえば忍田幸夫さんなどはそうだと思います。今あらためて忍田さんの昔の解説などを読むと、私のように真っ向から否定はしていないものの、努めて理論的なことしか書いていないことがよくわかります。

最近は科学的な考え方が浸透してきましたが今でも流れが意識される面は少なからずあるようです。「ツイている」「ツイていない」ことで、通常であればとらない手を打牌しているようなケースも時々見かけます。

そのような打ち方が勝ちにつながるかといえば、私は疑問だと言わざるを得ません。

09

「願望」で因果関係をねじ曲げるな

無意味なことを信じたい人たち

こうしたオカルト理論が好まれ、流行ってしまう背景には、いったい何があるのでしょうか？

おそらく、多くの人たちが麻雀のプレイにストーリー性を見出したいと考えるからだと私は思います。自分のやっていることにおそらく意味を持たせたいのでしょう。日本人の文化・思想にもある「いいことをやったら報われる（報われたい）」「悪いことをしたらバチが当たる（当たってほしい）」という願望から来ているところも、あるかもしれません。

しかし、いいことをしたのに悪い結果になることもあります。反対に、悪いことをしたのに、いい結果になってしまうことだってあるのです。

さきほどのビッグ4のように、理論的な裏付けがしっかりしている人たちが、勝負を盛り上げる意味でオカルトを語るのはまだいいと思います。

しかしそうでない人は、物語に乗ったオカルト的なセオリーを鵜呑みにしてしまい、さも証明されている真理のように捉えてしまうのです。**数字に弱い人や論理的な思考に慣れていない人ほど、そういうストーリーに酔ってしまう傾向があると思います。**こうしたストーリー性に引っ張られ、現実を見誤ってしまうのです。

セオリーを取り入れるとき、自分の頭で論理的に考えて疑い、本当にそうなのか検証してみることなく、やみくもに取り入れてしまうのは、思考停止です。

麻雀界に理系・文系の偏りはあまりない印象ですが、いずれにせよ数字に強い人がプロになっているはず。そんな世界においてもこの状況です。ちなみに私が在籍した東京理科大学の理学部数学科にも、オカルト派はたくさんいました。

また、麻雀漫画の影響も大きいかもしれません。特に昔の漫画はオカルト100%と言っていいくらいです。漫画でオカルト性を完全に排除してしまうと、実につまらない作品になってしまうでしょう。漫画でオカルトが誇張されるのは、仕方ないのかもしれません。

漫画の影響で麻雀ファンになった人は、きっとオカルト的なものを前提として麻雀を打つようになるでしょう。それで広まってしまった面もあるかもしれません。

独立した事象の間に因果関係はない

「流れ」という言葉も曖昧です。

「結果の偏り」のことを「流れ」と言うならば、流れは存在します。

だからといって、「未来も、その流れが続く」ということは絶対にありません。

注意していただきたいのは、私はここで決して「麻雀には流れはない」と言っているわけではないことです。流れはもちろんあるとして、麻雀の対局と対局との間にその因果関係がない、ということを伝えたいのです。

たとえばプロ野球の巨人対阪神の3連戦で、阪神が初戦を勝ったとしましょう。だからといって、2戦目、3戦目に阪神が勝つ確率が高まるわけではありません。

もちろん、勝って士気が上がったり、自信がついたりして、動きがよくなることもあるでしょう。しかし、3戦はそれぞれの確率で、個別に勝ち負けが決まるので、一緒くたに考えるべきではありません。一戦一戦、目の前の一球に対してベストな判断をし、一歩ずつ勝ちに近づいていくことしかできないのです。

これは、サイコロを転がしているのと同じです。

何度転がそうが、それぞれの目が出る確率はいつも6分の1です。仮に同じ目が続いて出たとしても、次にその目が出る確率が上がったり、下がったりするようなことはありません。

1回1回の「サイコロを振る」という行為の間には、因果関係がないからです。これを統計の世界では「独立した事象」などといいます。

たまたま悪い偶然が繰り返し起こる、あるいはよい偶然が繰り返し起こる。これは確率的にはわずかであっても、起こりうる現象です。

起こった「結果」が偏ったとしても、それは過去の出来事であって、この先の現象を予定するものではありません。

そのようなもののために、強気になりすぎたり、逆に弱気になりすぎてしまって、ベストな選択がとれないようでは、ビジネスでも人生でも、勝利は遠のきます。

ですから、どんな結果が起ころうが、心を揺らす必要はないのです。それを理解したときに、きっとあなたのメンタルは強くなるのだと思います。

10

アドバイスに従わない「勇気」を持て

イチローが素直だったら大成しなかった

何かの技術を身につけるとき、成長しようとしているとき、他人にいろいろなことを言われたりして「自分がやっていることは間違っているのだろうか……？」と迷ってしまうことがあります。


私も周囲から、あれこれいろんなアドバイスを受けました。

もちろん有益なものもありましたが、あまり参考にならないものも少なくありませんでした。特に若い頃からオカルトを否定していた私は、いわれもない批判を浴びたこともあります。

批判の多くは、オカルト否定をよく思わない人たちからの論理性のない指摘でした。「お前はデジタルだから」といった短絡的な決めつけで、私の麻雀を勘違いしたうえでの否定でしたから、特に動揺することも、迷うこともありません。

私は、昔から「麻雀におけるすべてのオカルトを否定できます」と言ってきました。何を言われても言い返すことができますし、論破することは簡単でした。しかし、そこまでする必要性も感じませんでしたので、むしろ反面教師だと思って聞いていました。

当時は「ツイているから押せ」と言っていた人が、本当にたくさんいたものです。**私は「この人は算数が苦手なんだろうなあ」と思っていました。さらに、「この人がツイているときは、無理に押してくるからチャンスだな」と、分析もしていました。**

自分の信念を持っていさえすれば、アドバイスも上手に取捨選択できます。なんでも「はい」と聞く必要はありません。最終的に自分は何をすべきか、どうなりたいか、それを日頃からしっかり考えておくのです。

イチローさんが、このようなことを言っています。

自分のしたことに人が評価を下す、それは自由ですけれども、それによって、自分が惑わされたくないのです。

イチローさんといえば、最初、振り子打法で注目されたプロ野球選手です。入団当初は、古い野球理論にこだわるコーチ陣からその打法の変更を迫られていたそうですが、信念を曲げず、わが道を貫き、とうとう日米通算最多安打まで達成しました。

もしイチローさんが素直すぎたり、論理的な考え方をしていなかったら、凡庸なプレイヤーになっていた可能性もあると思います。

私は、読書はあまりするほうではありませんが、麻雀以外の世界で活躍している一流の人々の言葉や行動はチェックすることがあります。なかでも、イチロー選手の考え方は、わたしも共感できるところが多く、参考にしています。

たとえば彼は、緊張について次のように言っています。


『自分に自信がある』、『うまくやろうと意識している』人間が緊張しないはずがない。緊張しないやつは、そういったものを超越しているか、全然ダメなやつ。超越しているやつなんていないんだから、結局緊張しないやつは全然ダメなやつだと思う。


私もその通りだと思います。「緊張しちゃうんですけどどうしたらいいでしょうか？」といった質問に対しては、私も以前からこれと似たような回答をしていました。

ここまで私が述べてきたことにも通じる名言がたくさんあるので、紹介します。

成績は出ているから今の自分でいいんだ、という評価を自分でしてしまっていたら、今の自分はない。

自分が全く予想しない球が来たときにどう対応するか。それが大事です。試合では打ちたい球は来ない。好きな球を待っていたのでは終わってしまいます。

麻雀界で進む「脱オカルト」

昔は少数派だったオカルト否定派も、今ではようやく主流になってきました。昔は9対1くらいでオカルト派が隆盛だったのが、今は逆に3対7くらいにでしょうか。オカルト的な論調を続けてきた方でも、最近では「こういうことを言うと『オカルト』と笑われてしまうかもしれませんが」などと、予防線を張っているくらいです。

これは麻雀界の流行はもちろんですが、ＩＴの発達により、データを蓄積・検証できるようになってきた面もあると思います。ファンの誰もが、ネットでデータにアクセスできる時代です。

野球のデータも、昔は打率、防御率、本塁打数など目に見える成績だけでしたが、最近は「セイバーメトリクス理論」[3]のように、勝利貢献視点で分析する手法も市民権を得てきました。

戦法のトレンドにも変化が見られます。

昔は「1塁にランナーが出たら、送りバントで2塁に進める」ことが、得点の可能性を高める最善策とされてきましたが、セイバーメトリクス理論に基づいてデータの検証をしたところ、実は送りバントしない戦法のほうが得点率が高いことがわかってきました。これらもまた、データをもとにした分析がなせる技だと思います。

麻雀界で、こうしたデータ重視での思考が主流となったきっかけは、とつげき東北さんによって書かれた『科学する麻雀』(2004年、講談社)の出版だと思います。当時もてはやされていたオカルト理論の非論理性を緻密なデータで暴き、否定した「システマティック麻雀研究所」というWebサイトは麻雀界に衝撃を与え、とつげき東北さんは一躍有名になりました。その後『科学する麻雀』を出版され、今ではたくさんのファンを抱えています。

とつげき東北さんとは、雑誌の企画で対談して以来、ずっと仲良くしています。

3 野球理論の一つ。データを客観的に分析し、選手の評価や戦略を考える分析手法。

11

51対49の「51」を選び続ける者が勝つ

直感＝適当（ただし一流に限る）

羽生善治《はぶよしはる》さんなど、将棋の名人の著書ではよく「直感」「感覚」が語られています。正直、私は使わない言葉です。なぜなら、言葉の意味があいまいだからです。正直なところ、「直感」という言葉は「適当」と置き換えてもいいのではないか、と思います。

リーチするかしないかの2択の場面、「どっちでもいいから、じゃあリーチ！」とした場合、これはいわば「どっちでもいいからなんとなく」にすぎません。これを美化して誇張して書くと「長年の経験から来る直感力」となるのでしょう。

ただそれは、普段からどっちが得かを一生懸命考えた結果の「なんとなく」です。何も考えず漫然とやってきたわけではなく、長い間の思考の積み重ねと、経験した成功と失敗を踏まえての「どちらでもよい」「大差ない」という判断です。

羽生さんも、そんな長年積み上げてきた経験と、ギリギリまでの思考があるからこそ、自分の直感を信じて「後はもう思い切ってやっちゃうしかない」という境地に達しているのだと思います。

「直感、大事だよ」と言うと「じゃあ私も頑張って直感を磨きます！」となりますが、磨こうとして磨けるものではありません。一つひとつの判断で感覚を研ぎ澄ませることも大切ですが、**日頃からの経験や思考の積み重ねが直感を生んでいることにも気づくべきだと思います。**

選択肢の「わずかな差」を見極めろ

「どちらでもよい」をもう少し論理的に検証してみましょう。

５万円と４万５千円、どちらか好きなほうを持って行けと言われて、４万５千円のほうを選ぶ人はいないと思います。

しかし麻雀は、そこまで損得が確実にわかるゲームではありません。

今の自分の力では50対50に見えるけど、実際は51対49かもしれない。

そういう不確定な選択肢の優劣を見極め、よりベストな選択を繰り返していくのが麻雀です。

51対49だと判断したものが、実際には49対51だったとして、それに気づかずに負けてしまうこともあるでしょう。それがそのときの実力にすぎません。

当然ながら、51を選んだからといって、49よりもよい結果になるとは限りません。30を選んだ人に負けてしまうことも、十分にあり得ます。

あくまで、「よりよい結果になる確率の高い選択をしよう」という話です。

したがって、そこで出てきた結果というのは、あくまで偶然の結果です。コントロールできませんから、後悔するべきものではありません。

来賀友志《くがともし》さんの漫画『天牌』に、次のようなセリフが出てきます。

勝負の差なんて常に51対49

経験を積み重ね、見極めた51と49を積み重ねて、差をつけていくしかないわけです。

51対49の差は、たった2しかありません。**でも100回重ねていけば、5100対4900になり、200もの差になるわけです。200もの差があれば、中長期的に望む結果を出せる可能性は劇的に高まるでしょう。**

これは麻雀に限りません。ビジネスやスポーツで結果を出している人も、この2を積み重ねた人なのだろうと、私は思います。

さきほどの「直感」の話に戻ると、どちらが51なのか「なんとなく」わかる人が一流だといえるかもしれません。


「麻雀は、運対技術が何対何か？」

こういう問いが麻雀界でよく聞かれます。

「5対5だ」「7対3だ」などと言う人が多いようですが、私はそもそもこの問い自体がおかしいと思っています。

私は何を切るかは100％が技術で、結果は100％運だと思っています。それぞれ別の事柄であり、割合で語るものではありません。牌の並びはまったくの偶然で、それとは関係なく、あらゆる偶然の中で、100％の技術を駆使するのが麻雀というゲームです。


1000半荘も打てば、おそらく結果は技術100％に近いものになるでしょう。でも1半荘ならもう完全に偶然です。結果と関係なしに、やれるテクニックを最大限活かしてやるというのがプロなのです。

雀鬼との対談

数年前、出版社の企画で、桜井章一[4]さんと対談する機会をいただきました。桜井さんがたまたま私の対局を目にすることがあり、「こいつ、いい麻雀打つな」と思ったそうで、その場で私に電話をくださったのです。驚きましたが、これがきっかけで雑誌の対談企画になりました。

雀鬼・桜井章一さんといえば、麻雀界のスターです。高校時代に読んでいた雑誌『近代麻雀』で神様みたいな扱いを受けていた、麻雀界の大御所中の大御所です。

麻雀も、対局におけるすべてが読めているかのような恐ろしい強さを発揮してきた方で、そんな方と対等ではないものの議論する場に呼んでもらえたことで、私は非常に嬉しく思いました。

桜井さんは、私がこれまで「結果の偏りでしかない」と主張してきた「流れ」や「ツキ」を、とても大切にされている方です。

一方、私は「デジタル派」の代表者。対談するからには、こちらも「そうです、そうです、おっしゃる通りです」といった、安易な対応をしないように。敬意を表し

4 1943年〜。裏プロとして引退まで20年間無敗、「雀鬼」の異名を取る。ツキを見る独自のギャンブル哲学で多くのファンを獲得しており、自己啓発、経営論など著書多数。

て、私の考えを思い切りぶつけてこようと思いました。

動画や記事になった部分は、比較的お互いの話に同調している様子だったと思います。しかし実際の対談は、静かな会話のうちにもお互いの理論や思想がぶつかりあう、白熱したものだったと記憶しています。

桜井さんが多くの麻雀ファンの心を掴んできたのは、その驚くような強さだけでなく、説明の面白さ、わかりやすさがあると感じました。

「風は流れてるか？」「水は流れてるか？」「じゃあ、なんで麻雀は流れないんだ？」というような具合に、麻雀とはまったく違うたとえ話をされていて、それがとても面白いわけです。お弟子さんやファンの皆さんが心酔する理由も納得しました。

長時間の対談になり、結局二人の考え方の溝は最後まで埋まりませんでしたが、どこか通じ合う部分もありました。桜井さんは、ポン、チー[5]で鳴いてでも、ギリギリまで前に出ようとする私の麻雀が気に入ったそうです。彼もただ黙って降りているだけの麻雀は嫌いで、頑張って前に出るようにと指導されています。

メンタルを強く保つために、そういう強気な姿勢が必要だという点では、私も同感です（「そうするといい見返りがあるよ」という部分は違いますが……）。

5 捨てられた牌を、自分の手牌にすること。ポン（同じ牌3枚）、チー（連続する牌3枚）がある。

12

相手よりも「選択」に集中しろ

論理を否定したい人たち

私は、オカルト派の対極として、デジタル派と呼ばれています。時計にはアナログとデジタルがあります。アナログ時計は秒針、長針、短針が連続的に動くのに対し、デジタル時計は瞬間で数字が変わり、あたかも非連続のように見えます。

これを麻雀にたとえて、すべてのことが因果関係や流れで連続しており、それを読むという考え方をアナログ派、反対に一つひとつが独立しているという考え方をデジタル派と呼んでいるのでしょう。私の記憶では、1992年の『勝負師の条件』という漫画が始まりだったように思います。

ところが、その表現がいつの頃からか「デジタル派はすべてのことを数字で示す」というように曲解されてきているように思います。

「小林、お前デジタル派なんだからこれ数字で言ってみろ」など、おかしなことをいう人が出てきている始末です。

私はただ単に、論理的ではない因果関係を否定しているだけなのですが、デジタルというだけで「すべて数字で計算する一派」みたいに思われがちで、困っています。あらゆる状況を加味した総合的な判断で、いつもと違う牌を切ると「デジタルのくせにこんな牌切りやがった」「デジタルだったらこっちの牌を切るはずだろ?」などと言う人がいます。

彼らは多分、われわれの思考をわかってないのです。ごく表面的な損得しか理解できず、なおかつわれわれの主義を否定的に見ている人が「デジタルのくせに」などと言っているのだと思います。

まさにこれこそが思考停止、オカルトです。

ひどい人になると、たとえば私はカラオケが好きでよくカラオケに行きますが、自分でお金を払って楽しもうとしたとき、「デジタルなら金が無駄じゃねぇか」というようなことを言ってくる人がいます。

デジタル派は、趣味も娯楽も必要のない、つまらない奴らだとでも言いたいのでしょうか(笑)。冗談なのか本気なのか、わからないですが。

まあ、「デジタル派」と呼ばれることで損をすることもありませんし、昔のようにはバカにされなくなってきたので、それはそれでいいかなと思っています。

ただ私は、曖昧な言葉で何かを主張するのは誤解を招くだけだと思うので、デジタル派という言葉を私はあまり使わないようにしています。

自滅する人の典型的パターン

反「デジタル派」の人たちから、「デジタルとか言って数字ばっかり言っている奴は、人間相手の麻雀では通用しないんだよ！」などと否定されることがあります。

ちょっと意味がわからないと思うので、この人たちが言いたかったことを私なりに翻訳してみましょう。

「対戦相手の力量や打ち方、クセを踏まえた打ち方をしないと勝てない」

「対戦相手の挙動や顔色から、手牌の高さや進み具合、狙いなどを見抜けなければ勝てない」

「その場を支配する、目に見えない流れやツキを味方につけないと勝てない」

そんなところでしょう。

3つ目の「流れ」「ツキ」については、すでに述べたように「結果の偏り」でしかありませんから、目の前の勝負において考慮する必要はありません。

では、相手によって打ち方を変えたり、相手の挙動から手の進み具合を読んだりすることについては、どうでしょうか。

それが本当に的を得ていれば有効です。事実、高度な読み合いや駆け引きを武器に勝ちを重ねるトッププロたちもいます。

でも、すべての人が、毎回完璧に「読めている」かというと、かなりあやしいと思っています。

つまり「読めているつもり」になっているケースが多い、ということです。

むしろ、相手を意識しすぎた打ち方をした結果、普段はしない選択をしてしまい、心が揺れてしまったり、勝率を下げている人が多いのではないでしょうか。これはアマチュアだけでなくプロにも、そしてオカルト派、反オカルト派どちらにも言えることです。

仕事や日常生活でも、相手に合わせたつもりが、結局自分のペースを崩してしまい失敗した……というケースもあるのではないかと思います。

成功する人や、尊敬されるリーダーは、相手が誰であろうと態度を変えないと言いますよね。

麻雀も同じで、相手によって打ち方を変えるより、自分の麻雀を貫き、よりベストな選択をし続けることに集中したほうが、勝ちにつながると思っています。

なぜなら、「読み」は、間違っている可能性があるからです。自分の「読み」を過信して、普通以下の手になってしまっては本末転倒です。

目の前の「確率」だけ考えていれば、心が揺れることもありません。

13

「論理」だけが成長スピードを加速させる

経験×セオリー×論理

「デジタル派」と私が呼ばれるとき、アナログ的な考え方や言葉を全否定しているように言われてしまうことが多いのですが、そういうわけではありません。

「経験則」という言葉がありますが、私は経験則は大切だと思っています。ある選択を検討するのに、実際にすべての可能性を検証して答えを出す時間はありません。

そこで、「経験上こうなっていることが多い」「これを切ったほうがいい」という傾向を集めたものが経験則です。これは麻雀に限らず、すべての世界でそうでしょう。

いま麻雀の理論として認められているものも、最初は誰かの経験則だったはずです。

麻雀の世界は、比較的経験がモノを言う世界だと思います。実際、20代でトップクラスにまで上りつめる選手はあまりいません。早くても30代ぐらいから頭角を現し、40代くらいで皆に認められる存在になっていくようです。

これは、長年やっていたベテランのほうが、セオリーを使いこなしたり取捨選択できるだけの経験を蓄積できている、ということが影響しているように思います。

私や村上淳などは、若い頃から年間2000〜3000半荘[6]という膨大な対局を重ねてきました。その中で、いろいろなものを取り入れつつ、試行錯誤を繰り返しながら今の雀力を培ってきています。通算6万半荘にはなるでしょうか。18歳の人には、それだけの経験はありません。

インターネットが発展して、原理・原則としてのセオリーは、誰でも入手できるようになりました。しかし、それらをバランスよく自分の打ち方に取り入れて、局面に応じてセオリーを選択していくには、やはり経験が必要になってくると思います。

経験則を蓄積するほど、勝つ確率がより高い選択ができるようになるのは当然です。しかし、経験則は「ただ積み上げるだけ」では、あなたの武器になりません。**経験に対して、科学的・論理的な態度が必要なのです。** なぜ勝ったのか、負けたのか。理詰めで検証を繰り返したほうが、より強い経験則を手に入れられると思います。そういう態度で臨めば、負けも糧として、前を向いていけるでしょう。

逆に言えば、経験の量は同じでも、反省も振り返りもせずに、勝負を運だけのせいにして逃げ続けている人は、そうでない人と実力差が開いていくのは当然なのです。

6 麻雀の1ゲームのこと。東場四局、南場四局、計八局で成り立つ。

負けに慣れると強くなる

ベテランが強い理由は、もう一つあると思います。

「負けるのに慣れている」ということです。勝つ経験はもちろん、負ける経験もたくさんしてきたので、恐れず思い切った選択をしやすいのです。

Mリーグでいうと、沢崎誠さんや、前原雄大さんです。すでに60代になっていますが、普通の人にはできない、ある意味達観したかのような打牌を堂々とされています。膨大な経験の中で、自然と覚悟も決まり、もう成功にも失敗にも動じなくなっているのでしょう。

「デジタル派」の私が言うと意外かもしれませんが、精神的な部分は大事です。なぜなら、失敗や負けに引きずられると、その時々でベストな選択ができなくなるからです。

しかしそのためには、ある程度勝ちと負けに慣れていかなければなりません。

私も含めて、**ベテランは勝っても負けてもさほど動揺しないのは、負けることに慣**

れている、という面があります。経験が精神力をつくるのです。

そういう心の部分というのは、アナログな要素です。それらを一切排除したものが「デジタル派」だと誤解されていますが、私は実際には精神力は大事だと思います。

オカルトの意外な効用

オカルトを全面的に否定している私ですが、人によっては、それらを利用してもいいと思っています。オカルトによって精神を安定させている人もいるからです。

つまり、非科学的なオカルトを、精神安定剤として使うのです。

負けていると無茶したがる人は、「ツイてないときは、我慢しよう。無理をしても、いいことは起こらない！」と自分に言い聞かせると落ち着くかもしれません。そもそも運や流れは結果の偏りでしかありませんので、その時々でベストな選択をするのが論理的な考え方ですから、これはオカルトだとも言えます。

ですが、本人が納得して、心が落ち着くのなら、それでもいいと思うのです。

結果的に、「無理をして判断を誤れば、悪い結果が起こる可能性は上がる」という科学的な正解に近づくわけですから、言って損はないでしょう。

オカルトを心の拠り所にして、精神を保てている人はたくさんいると思います。とはいえ、気合を入れたり、念じたり、善行を積んだからといって、いいことが起こるわけででも、いい牌がツモれるわけでもありません。そこは科学的思考と両立させて、常に最適な選択をすべきだと思います。

私が神頼みしない理由

私は昔から、神頼みをしたことがありません。子どもの頃から「皆なぜわざわざ神社に行くんだろう？」と不思議な気持ちで見ていました。

神社に行くのは年始の初詣だけという人も多いのではないでしょうか？　だとしたら何月に行っても「初詣」なわけで……。

反オカルト派としては、初詣は単なる風習・慣習・イベントであって、神頼みも科学的根拠のない、いわば迷信だと思っています。

断っておきたいのですが、別に私は、初詣に行く人を軽蔑しているわけではありません。単なるイベントでも、行きたい人は行けばいい、という主義です。

似たものでいえば、占いもそうです。朝のニュースバラエティ番組には、決まって占いコーナーとしてあります。「なんで朝からこんなオカルトを発表するのか！」と思います。まあ、それだけ信じている人が多く、需要が高いということでしょう。

一般社会においてそうなのですから、麻雀において非科学的なものに興味を持つ人が多いのも頷けます。

負けが込んだりすると、会場までの道を変えてみたり、靴下を逆側から履くというような、さまざまなゲン担ぎをする人がよくいます。あれはなんでやるのか本当にわかりませんし、オカルトの類だと言ってしまってもよい気がします。

それでも、前述のようにオカルトにも効用があるわけで……。

負けが込んでくると、自分の麻雀ができなくなる人は、ゲン担ぎで気分転換をして、精神を安定させるのもありなのかもしれません。

ちなみに、パイレーツでは今年、初詣に行きましたが、ただ単に皆が行きたいと言うので、私は写真係として同行しただけです。それ以上の理由はありません。

コラム2

AIとどう戦うか

ITの進化により、マーケティングをはじめとするビジネスの世界では、ビッグデータとAIを活かした分析手法が隆盛となり、データ駆動社会が到来しています。

野球でもセイバーメトリクスの思想がすっかり浸透してきました。麻雀の世界はまだまだですが、こういうものがちゃんと分析できる世界になると面白いと思います。

Mリーグだけでも、3年分の統計データが蓄積され、実戦で使えるものが増えてきました。「小林剛のアガリ率」「佐々木寿人のリーチ率」など、選手ごとの傾向は、何百半荘分にもなると、かなり傾向として揺るぎないものになります。

しかし、まだ劇的に戦術を変えるほどではないことも事実です。あくまで過去の結果を集計したにすぎませんし、偶然に左右される部分が大きい競技ですので、3年程度では未来を予測できるものではありません。

とはいえ、麻雀AIもだいぶ強くなっています。将棋ではすでにコンピュータのほうが強いとされていますが、麻雀についても、これからAIが人間に勝つ日が来るのかもしれません。

麻雀ＡＩの中で一番強いとされているのが、Microsoftのスーパーフェニックスです。スーパーフェニックスの打牌を分析する解説本も出ているくらいです。

他にも強いＡＩが3つぐらいあるのですが、それぞれ打ち方は違うそうです。それは元のコンピュータの容量の違いなのか、学習方法が違うのかは不明です。


興味深いのが、麻雀ＡＩが、人間には思いつかない牌を切ることです。「人間だったらこの一向聴《イーシャンテン》[7]を崩すとか、ありえない」というような牌を切るのです。

将棋でも人間には怖くて指せないような選択をすると聞きましたが、麻雀でもこういう部分が脅威となるかもしれません。

麻雀は将棋と違って、不確定要素を予測して100％コントロールすることはできません。また、ＡＩには顔色を読むことも、牌を透視することもできません。

そのあたりが今後さらに進化するかどうかは楽しみではありますが、かつてのように「こんなの実戦じゃ役に立たないよ」といっていた人は少なくなり、「顔色を読めない部分をさしひいても、それでもスーパーフェニックスのほうが強いかもしれないよ」という人は増えてきたと思います。

7 あと1牌でテンパイになる状態。

達成したい目標がある。手に入れたいものがある。ならば、好き嫌いは不要だ。見たくないものを直視する勇気を持て。

判断基準は、損か得か。「それ」に近づけるかどうか。一喜一憂せず、今ここでベストを尽くすのみ。

第 3 章

好き嫌いを排除し「損か得か」で考えろ

14

勝っても負けても「戦い方」は変えない

「ベストな戦略」を淡々と続けろ

Mリーグは、毎年10月から翌年3月にかけて行われます。半年間の長丁場です。まずレギュラーシーズンでは、4人で構成される8チームが総当たりで各チーム90試合戦い、[1]獲得ポイント数によって上位6チームがセミファイナルに進出します。セミファイナルでは各チーム16試合ずつ戦い、上位4チームがファイナルに進出。ファイナルでは、各チーム12試合戦い、年間優勝チームが決定します。なお、セミファイナルとファイナルでは、直前シリーズのポイントの半分が持ち越されます。

２０１９年度レギュラーシーズンでは、パイレーツほぼマイナスポイントのまま推移していましたが、途中経過に一喜一憂することなく、あくまでも勝ち残ってセミファイナル、ファイナルへと進めればいいという意識をチームで徹底していました。結果的にそれがうまく働き、最終的にはファイナルに進み、優勝することができました。レギュラーシーズンもセミファイナルも、最下位での勝ち残りでした。

リーグ戦で、しかも勝ち上がりにこだわるとき、順位を意識して打ち手を変えてい

1 持ち点（30,000点を超えた分はプラス、不足した分はマイナス）と、順位点（1位50,000点　2位10,000点　3位-10,000点　4位-30,000点）を加算する。

くチームや選手がいます。しかし、順位によって麻雀を変えるということは、「ポイントを積み上げる」という目的に対する最適戦略から外れてしまいます。

94ページで、対戦相手によって打ち方を変えすぎないほうがいいと言いましたが、順位によっても打ち方は変えないほうがいいと思っています。

そのときの目的を達成するためにベストな戦略を、淡々と続けていけばいいのです。

麻雀は偶然性の高い競技なので、チームのポイントは途中プラス・マイナスに大きく変動します。しかし、この90半荘というのはかなり長いので、比較的平均値に近い数字に集約されていくものと考えられます。

ということは、序盤をマイナスからスタートしたとしても、特に打ち方を変えなくても徐々にプラスになっていくはずです。

私は、途中段階のポイントはほとんど気にしなくていいと考え、「ポイントを積み上げる」ための最適戦略に徹し続けました。

結果的にこの戦略がギリギリでの立ち上がりにつながったものと思っています。

試合のときに「ここは負けられない」「ここはリードを広げたい」などと口に出す他チームの選手が多く、不思議に思っていました。結局、ただそう言っているだけで、麻雀の内容は大きく変わっていないようにも思いました。

たびたびプロ野球のたとえで恐縮ですが、日本シリーズのときに解説者がよく「第1戦は大事ですね」と言います。さらに、「第2戦は大事です。初戦勝ったチームはここで2連勝で勢いをつけられるか、負けたチームは五分に戻せるか、この2戦目は大事ですね」と言います。

結局、一戦一戦全部大事だということです(笑)。したがって、シーズンの展開は関係なく、どの試合も一戦一戦ちゃんとやるのが大事です。

不振を打開しようと奇策を弄したり、難しいことを考えすぎたりしないで、今与えられた状況の中で、しっかりとベストを尽くし続けることが大事だと思います。

ピンチは数字で因数分解

Mリーグ90半荘のうち、80半荘ぐらいまでは普通に打てばいいと思っています。終盤になって、よほどポイントが高い、もしくは低いという状況でもない限り、淡々と打ち続ける。1年間を通じてコツコツとポイントを積み重ねていけるような打ち方をしていればいいと思っていました。

私のチーム・パイレーツの中でも、こういう考え方を共有できたのはよかったです。他の3人は私よりだいぶ年下で後輩にあたるので、比較的すんなり受け止めてくれたと思います。

最近は「無理すると小林さんに怒られるよ」という冗談も出るくらいです（笑）。

ファイナル、セミファイナルは、レギュラーシーズンに比べると短期戦になります。もう少し具体的に、「残り何戦で何ポイント必要だから、そのポイントを稼ぐためには、どういう着順の組み合わせならば可能か」という計算式をメンバーに示し、共有していました。

残り8戦で100ポイント負けているとき、8戦で100ポイントつくろうと考えるわけですが、「100だとトップ2回分かあ…。全部トップ狙いで行かなきゃ」と考える人が多いと思います。

しかし、1着から4着まで順に3－2－2－1くらいでいければ、統計的に110ポイントぐらい稼ぐことができるわけです。

普段からこのぐらいの成績を目標とした打ち方をしているので、無茶な目標ではありません。8回やって2－2－2－2になるのが普通ですので、少し頑張っていい偶然に恵まれてトップを3回とれれば目標達成となります。決して無理をする必要はないのです。ちなみに、2－4－2－0でも同じようなポイントになります。残り8回なら3－2－2－1か、2－4－2－0でいける。これを私は控え室のホワイトボードに書いて共有していました。

ピンチや不安を抱えた状況でも、不足分や課題を具体的な数字で因数分解していくと、現実的で小さなものにできます。やるべきことが明確になるので、安心することができるのです。

「100ポイント稼がなきゃ」という漠然とした大きな目標に目を向けてしまうと、どうしても普段と違うことや無理をしてしまいがちなので、注意したいものです。

不運な人を責めない

プロ麻雀の中でも、こうした大局思考、長期戦略の視点には個人差があります。

もちろん、何も考えてない人もたくさんいると思います「トップをたくさんとればいいんだろ？」という考えの人ももちろんいますし、現在の麻雀のルールでいえば、それで間違いはないので、まあそれでもいいような気がします。

Mリーグなどの場合、ポイントに合わせてその都度「上位に厳しく、下位に甘く」をやり続けていれば、そのチームは確率的に、常に競り合いの中にいられるようになるので、そういう戦略が好きな人もいます。とにかくゲーム展開だけを作り続けるのが好きな人もいます。

パイレーツが共通認識として持っていたのは、**「チーム戦だから個人戦と違う打ち方をする」という考えはやめよう、ということでした。**

90戦戦って最大のポイントを獲得できるようにするのが戦略目標ですから、これは1人でやろうが90人でやろうが一緒なのです。同じ手牌から切るべき牌は、チーム戦でも個人戦でも変わりません。

また、90戦もやっていれば、「どこかで負ければ、どこかでは勝つ」というのが摂理です。どんなに強い人がどんな上手に打っても、全部勝つことはあり得ません。

ある選手の負けが込んでいても、それはたまたまその人が悪い偶然を受けることになっただけで、チームに迷惑をかけているというわけではありません。

だからその人を責めてはいけないのです。

ある選手が勝ち続けていたとしても、それはたまたまその人がいい偶然を受けることになっただけです。もちろん貢献してくれていることに違いはありませんが、必要以上に褒め称える必要もありません。

そういう感覚で一喜一憂せず、淡々と打ち続ければ、メンタルが揺れることもなく、目的にもっともかなったベストな選択を重ねることもできるでしょう。

「みんな勝っているのに、自分だけ迷惑かけている……」と悲観的になる人がいますが、その必要はありません。各チームにはそれぞれマイナス担当の人がいます。一番実力のある人がマイナス担当になることだってあるわけです。

ビジネスの世界にも、業績のよい年と悪い年があります。同じ仕事をしていても、たまたまいいこと悪いことは起こり得ます。

マイナスだったからといって、その年にやったことがすべてダメだったとは限りません。逆にプラスの年であっても、たまたまいい偶然が起こっただけかもしれません。

大切なのは、プラスの年であれば何がよかったのか、マイナスの年には何が悪かったのか、要因をしっかりと分析することです。そうすれば、たまたまマイナスになっても、ペースを乱して最適解を選べなくなることは防げるのではないでしょうか。

15

逆境でこそ「今まで通り」にやる

自暴自棄にならなければ逆転も可能

朱子学[2]という学問の世界に、崔銑《さいせん》[3]という人がいて、その人の書物に、「六然」という教えがあるそうです。

自処超然《じしょちょうぜん》
何事にも執着せず平然とし、自分に関する問題には一切とらわれない。

処人藹然《しょじんあいぜん》
人と接するときは、表情も態度も春の気のように穏やかな気持ちでいる。

有事斬然《ゆうじざんぜん》
一旦、事が起こったら、ぐずぐずしないで、てきぱきと対処する。

無事澄然《ぶじちょうぜん》

2 南宋の朱熹によって構築された、儒教の学問体系。

3 1478〜1541年。中国明王朝時代の政治家、学者。

平安で何も問題がないときは、水のように澄んだ心でいる。

得意澹然《とくいたんぜん》

物事がうまくいって得意なときは、傲慢にならず淡々とし、あっさりと謙虚な態度でいる。

失意泰然《しついたいぜん》

失意のときは、堂々として、ゆったりと構え落ち着いている。

簡単にいうと、これは人生を豊かに生きていくための教訓ですが、このうち最後の2つについて、先日ある知人から、「小林さんをみていると『得意澹然』『失意泰然』という言葉を思い出します」と言われました。

「得意澹然」については、麻雀ではいいことはめったに起こらないので脇に置いておくとして、「失意泰然」については、たしかに自分も腑に落ちるところがありました。

うまくいかなくて落ち込むような状況であっても、心をどっしり構えて泰然自若しているという考えが、昔の東洋思想からあったということです。

自分が望まないことが起こったとき、呆然としたり自暴自棄になるのではなく、どっしりと構えておく。**冷静に大所高所から現況を眺めてみれば、死地に活路を見出すきっかけが見つかるかもしれない。**

2021年1月12日、Mリーグで最下位に転落した際、私はインタビューでこう答えました。

「(前略) ついに最下位になっちゃいましたね。マイナスが300ぐらいでしょうかね。まあ変動はするものなんでね。しょうがないなと思いながら、あと残り30戦ぐらい、あと200とか勝てばなんとかなると思いますので、まだまだあきらめないで、無理もしないで、自分の麻雀をしっかりやっていきたいと思います」

最下位に落ちたことは望まないことではあるけれども、残り30戦を冷静に見つめれば、特に取り乱すことでもありません。全8チーム中、6位以上になれれば次のセミファイナルに進出できるのですから。

もちろん「あきらめない」という気持ちは持ちつつも、それが「なりふりかまわず」などということではなく、足下をしっかり見つめて、最適な麻雀を続けていくという「失意泰然」としたコメントだったように思います。

「錯覚」という色眼鏡を外せ

この戦いで私は、普段より多くの振り込みをしてしまったこともあり、シーズン15戦目にして初めての4着となってしまいました。

ここで周りの人はこのように言っていました。

「小林はチームのポイントを気にして、いつもより攻撃的だった」

「小林が頑張って取り戻さなきゃって、無理しちゃったなあ」

こういう論調を見て、私は「みんなわかってないなあ」と思っていました。

実況解説でも「今日は積極的ですね」と言っていましたが、実際には、そのときたまたま積極的に行くべき手牌がたくさん来たというだけで、判断基準はいつもと同じでした。

押したほうが得だと評価をした局面で、押す選択をして、たまたま悪い偶然のほうが起こっただけです。

このように、**現象を何かのストーリーに当てはめて、勝手な因果関係をつくり上げてしまう人が非常に多いと思います。**また、それを見聞きした人も「あーなるほどな」と納得しまうことが多いようです。

この現実をストーリーという色眼鏡で見ることは、思考停止やオカルト思考の大きな悪因だと思っています。

この例でいうと、レギュラーシーズンでマイナス300ポイントの最下位という、そこに騙されてしまっていると思います。漠然と捉えれば、「最下位」→「マイナス300ポイント」→「窮地に追い込まれている」と、脳が錯覚し、その場に追い込まれた「危うし、パイレーツと船長[4] 小林剛」をことさらにクローズアップします。

番組上の見せ方としては、たしかにそうしたドラマティックな描き方をしたほうが面白いでしょう。実況や解説者も「踏ん張りどころ」「マイナスを取り返したいとこ

4 パイレーツというチーム名になぞらえて、リーダー小林は船長と呼ばれている。

ろ」という表現をしたくなる気持ちもわかります。

しかし、実際私たちの捉え方は違いました。マイナス300ポイントということは、あと200ぐらい勝てばなんとかなるのです。かつ残り30戦で200ポイント勝つということは、当たり前に、頻繁に起こることです。

一発逆転を狙う「奇策」をとりたくなる気持ちはわかります。しかし、ここは普段通りに打つのが最適解です。

反対に、たとえば2019年Mリーグファイナルでは、開始時点で残り12戦、あと200ポイント分勝たなければならない状況でした。レギュラーシーズン残り30戦のときのように「追い込まれた」とは言われず「さあ決勝! 優勝するのはどのチームか」などと言っていたりします。もちろん「追い込まれて普段と違う麻雀をしている」とも、誰も言わないのです。これは不思議なことです。

8チームあるリーグ戦成績表の1番下に名前があるというだけで、すごく負けているかのように見えてしまう。こういう錯覚のような現象は結構あります。

この日は特に、第1試合の瑞原が4着だったので、「小林が1回戦のマイナスを取り返そうとしたんじゃないか」という論調がありました。こういう見方には本当に呆れます。

今回の試合だけでなく、ここまでの50試合の中でマイナスを積み重ねてきたのです。「1回ぐらいの成績はどうでもいいよ」というのがそのときの感想でした。

ただ、この1つ前の成績を気にする人が多いのです。

でも考えてみてください。第1試合の瑞原がトップであっても4着であっても、私の第2試合で変動するポイントは同じです。マイナス400ポイントから300になって戦っても、200ポイントから300になって戦っても、少なくとも牌の組み合わせは同じですし、戦略も同じはずです。

ところがストーリーに合わせて、何か違うことをやっているかのように色眼鏡で見てしまう。

私もあえて「関係ない」ことを主張して回ることも野暮なのでやりませんが、実際にはまったく関係ないと考えていました。

それが正しかったということは、「逆転優勝」という結果が証明していると思います。

16

持っていて損しかない「感情バイアス」

戦略を立てるコツは、達成したい目的に対して「損か得か」で考えることです。

Mリーグでいえば、目的はポイントを稼ぐこと、そして優勝確率を上げること。

それだけなのですが、往々にして、その目的を見失わせる「個人的なこだわり」「好き嫌い」といった、感情バイアスが差し挟まることがあります。

感情バイアスは、選択の質を下げるばかりでなく、メンタルが揺れる原因にもなってしまいます。これらはできるだけ排除しておきたいものです。

感情バイアス①

手詰まりが嫌い

麻雀で「手詰まりが嫌いだ」という人が多くいます。手詰まりとは、手が揃わず途中で降りようとしたはいいが、切れる安全牌がなくなった状態のこと。この状態をとにかく嫌う人は少なくありません。手牌13枚あればまだ安心だけど、10枚になると余計に手詰まりの可能性が高まるので、それが嫌だからポンもチーもできない。

これ、考えている本人は損得思考のつもりかもしれません。しかし結局のところ、ただの感情論になっていると思います。

何が嫌なのかを分析をしてみると、結局嫌なのは手詰まり自体ではなくて、手詰まりしたうえで振り込むことです。

手詰まりになった結果、「どうしよう……」という悩みやストレスを抱えるのはたしかに嫌ですが、怖いと思おうが思うまいが、その時々の最適な戦略を立てていくべきことは変わりません。

ちなみに、手詰まって10枚+ツモった牌から一番安全そうな牌を切っても、大体通るものです。13枚からのほうが安全ですが、なんとかなるというのが私の感覚です。

さらに言えば、前述のように「10枚にしておく」のは、手詰まりの可能性が高まると同時に、アガれる可能性も高まります。だから決して悪いことではないはずです。

もっと言えば、アガれる可能性やリターンと、振り込んでしまうリスクを比較検証する手間を惜しんでいるようでは、その時々の最適解は導き出せません。

ちなみに、古川凱章さんは、「降りるから手詰まるんだ。降りなければ手詰まりはない」とおっしゃっています。そういう発想の転換もできるのです。

感情バイアス②

高い手でアガりたい

「より高い手でアガりたい」という気持ちは、感情と損得が重なり合うところです。

郵 便 は が き

63円切手を
お貼り
ください

1 0 1 - 0 0 0 3

東京都千代田区一ツ橋2-4-3
光文恒産ビル2F

(株)飛鳥新社　出版部　読者カード係行

フリガナ ご氏名	性別　男・女 年齢　　歳
フリガナ	
ご住所〒 TEL　（　　）	
お買い上げの書籍タイトル	
ご職業　1.会社員　2.公務員　3.学生　4.自営業　5.教員　6.自由業 7.主婦　8.その他（　　）	
お買い上げのショップ名　所在地	

★ご記入いただいた個人情報は、弊社出版物の資料目的以外で使用することはありません。

このたびは飛鳥新社の本をご購入いただきありがとうございます。

今後の出版物の参考にさせていただきますので、以下の質問にお答え下さい。ご協力よろしくお願いいたします。

■この本を最初に何でお知りになりましたか
1.新聞広告（　　　　　　新聞）
2.webサイトやSNSを見て（サイト名　　　　　　　　　　　　）
3.新聞・雑誌の紹介記事を読んで（紙・誌名　　　　　　　　　）
4.TV・ラジオで　5.書店で実物を見て　6.知人にすすめられて
7.その他（　　　　　　　　　　　　　　　　　　　　　　　）

■この本をお買い求めになった動機は何ですか
1.テーマに興味があったので　2.タイトルに惹かれて
3.装丁・帯に惹かれて　4.著者に惹かれて
5.広告・書評に惹かれて　6.その他（　　　　　　　　　　　）

■本書へのご意見・ご感想をお聞かせ下さい

■いまあなたが興味を持たれているテーマや人物をお教え下さい

※あなたのご意見・ご感想を新聞・雑誌広告や小社ホームページ上で
1.掲載してもよい　2.掲載しては困る　3.匿名ならよい

ホームページURL http://www.asukashinsha.co.jp

微妙なところですが、**本人は損得で判断しているつもりで、感情で判断してしまっているのです。**

「これをポンすれば、すぐにでも2000点でアガれるかもしれないけど、ポンしなければ5200点になるかもしれない」というとき、損得ではなく感情で「2000点は嫌いだけど5200点ぐらいならいいか」と判断する人がいます。

その局面において5200点の価値が高いという根拠をもとに判断するのならよいのですが、そうではなく、とにかく「せっかく5200点のチャンスなのに2000点でアガってしまうのはもったいない」という人が結構多いようです。

特に放送対局になると、安い手でアガることに関して視聴者の目を気にする人が多いようです。同時に実況や解説が「こうすればもっと高得点になっていた」とコメントをすることもあります。ポンやチーしなければ高得点になっていたことがわかると、「損をした」という後悔が残るのでしょうか。皆それを覚悟のうえでやっているはずなのに、失敗を引きずる様子が見られます。

麻雀では、与えられた配牌からあらゆる可能性を探りつつ、徐々に現実的なところに向かって行きます。これが当たり前の姿です。

その過程で損得を総合的に判断すれば、鳴くことが最適の場面ももちろんあります。しかしながら、**安い点数でアガるのが嫌だ、恥ずかしいという感情で、正解を外してしまうことがよく起こります。**

感情バイアス③

トップを狙いたい

現在の麻雀では1〜4着の順位がつきますが、一般的に対局そのものの持ち点とは別に順位点があり、Mリーグのルールでは、トップになれば5万点が、2着なら1万点が加算されます。

この5万点が非常に大きいため、みんなトップを狙いにいくわけです。

今説明したように、トップを狙いにいくのは5万点という高い点数を獲得できるという理由があるのですが、いつのまにかその理由の部分は頭から省略されて、ただ単純に「トップを取りたい」という部分だけが頭に残っている人が多いようです。

何が問題かというと、「5万点を獲得したい」という理由がしっかり頭に残っていないために、損得思考の欠如した「トップ狙いの戦略」が取られるケースをよく見かけます。それは間違いではないか、ということです。

そういう人は、「トップを取る」ことだけに頭がいっぱいになってしまい「トップ＝5万点」「2着＝1万点」という正しい比較評価ができなくなるようです。たしかに一見大きな差ではありますが、「2着＝1万点」にも0点よりは価値があります。ところが多くの人は、「トップ＝5万点」に目がくらんでしまいます。トップになるために手段を選ばなくなってしまい、犠牲を惜しまなくなってしまうのです。

トップには4万点の価値があります。1着の5万点と2着の1万点の差が、4万点だからです。

トップ目にいる人が、8000点をわざと振り込めばトップがキープできる場合、どうするか。どんどん振り込むべきだと言う人もいますが、それを5回やれば「トップの価値＝4万点」を失うのと同じ計算になります。

言い換えると、8000点を1回振り込むごとに、トップの価値が2割減るということです。まずは8000点を犠牲にせず、トップを維持できる可能性はないのか検討してみるべきでしょう。

このように、目立つ大きなリターンに振り回されずに、冷静に価値を評価して判断することがとても重要です。

17

「確率予測力」が高い人は強い

選択の根拠は確率だけ

パイレーツの朝倉は私と同じく、あらゆる確率を計算するのが好きで、控え室のホワイトボードでさまざまなパターンの確率計算をしています。

「アガれなかった局は平均何点ぐらい失点するだろうか」

「2人が降りて2人が攻めている状況で、こっちはフリテンリーチ[5]でノーガードになっているときに、どのぐらい不幸なことが起こるだろうか」

など、結構マニアックな計算です。

（Mリーグの控え室は壁1面がホワイトボードになっています。これはナイスセッティングだと思っています！）

ベースとなる基礎確率の部分は、いくつかはデータとして残っています。細かいものはさすがに自分たちの経験から予想するしかありませんが、そういう数字をもとに数式を立てて計算すれば、多くの場面での確率が計算できます。

5 自分の捨て牌の中に、自分のアガリ牌があるフリテンの状態（ロンではアガれないが、ツモならばアガれる）で、リーチすること。

極論を言うと、「雀力」とは、こうしてあらゆる場面をシミュレーションし、それぞれの確率を予想することそのものではないかと思っています。トップを守るために、がむしゃらにやるのが雀力ではありません。

対局中は、アガリ牌をツモれる確率も考えながら打っています。たとえば両面待ちを6巡でツモれる確率はだいたい30％、アガった後に裏ドラが乗る確率も30％くらいです。また、何面待ちを何巡以内にツモれる確率というのは、昔つくった大雑把な確率計算表が頭に入っているので、それらを元に計算すれば、そんなに外さないと思います。

あくまで大雑把ではありますが、こうした確率計算を根拠にして、打牌を選択します。

私ほど数字に偏っているのは珍しいほうですが、麻雀プロならば多かれ少なかれ、確率計算をもとに予測を立てながら打っているはずです。

確率予測力が上がれば、自然とメンタルも強くなります。

成功も失敗も、「よい偶然」も「悪い偶然」も、どれくらいの確率で起こりうるか把握していれば、どんな結果でも受け入れやすくなります。平常心を保ちやすくなるのです。

これはビジネスでも同じです。たとえば「新規顧客の受注率は5％」という大まかな確率があるなら、「20件アプローチすれば1件は受注できるな」と考えて行動することができます。

仮に受注できなくても、「まぁ受注率5％だから当然だな」と、引きずらずに次のアクションに向かうことができるでしょう。

どんな世界でも「確率予測力」は必要なのです。

「見たくないもの」を見られるか？

前述の朝倉との確率談義のように、シミュレーション、予測、準備といったものは、できるだけやっています。すべてのケースは計算できないにしても、次に似たようなケースになったときに、必ず役立つからです。

パイレーツは、対局の振り返りを目的としたディスカッションを頻繁に行います。Twitter と YouTube で「路上感想戦」というのをアップしています。たまたまM

リーグの1年目、帰り道に「ちょっとカメラ回してみよう」と思い立ち、さっき終えた対局の感想や振り返りなどの雑談を撮ったのがきっかけです。意外なことに「こういうのを聞きたかった」というファンの方も多かったので、毎週続けています。

もちろん、カメラが回っていないところでも、大体みんな戻ってくると「さっき変なことやっちゃったかな」「あの局面どうした？」というような振り返りの話にはなります。

もちろん、勝ったときも、ボロ負けして帰って来たときにもやります。

「あれは仕方なかった」「確率的にはあれがベストだった」という結論になることもあるし、「あんな牌切ってたら、勝つ確率も下がるし、そりゃ負けるよ」という反省になることもあります。そこはボロ負けした人を慰めるよりも、敗因をちゃんと考えたほうがいいと思うからです。

こういう振り返りを繰り返していくと、「確率予測力」も上がっていきます。

仕事が一つ終わると、「もう見返したくない」「次に向かいたい」と思う人も多いでしょう。しかし、こうした振り返りの作業から逃げていては、自らの課題を見つけ、成長していくことはできないのです。

18

「結果オーライ」を放置するな

対局を振り返るときには、次のような点を注意しています。

「ヒヤリ・ハット」も分析する

結果につながったところだけ振り返るのではなく、結果と関係ないところまでちゃんと考えるべきです。

「振り込んでしまったところ、何を切るのが正解だったかなぁ」というように、悪い結果につながった局面の反省は当たり前に誰でもできることです。

しかし実際にはもっと危ない牌を切ったけど、何もなく通ってしまったというケースが山のようにあるはず。むしろ、そちらの検証をしておくべきだと思います。**「結果オーライ」を、実害がなかったという理由で放置してはいけないのです。**

医療や製造業などの現場における事故防止活動に「ヒヤリ・ハット」というものがあります。その名の通り、結果として事故に至らなかったけれども、「ヒヤリとしたり、ハッとしたりした」ミスや失敗を共有し、繰り返さないようにしようというものです。

1件の重大な事故の背景には、29件の軽微なミスがあり、299件のヒヤリ・ハットがあると言われています。手痛い目にあいたくないなら、実害のないミスや小さなミスをつぶしていくしか、方法はないのです。

「分析のための分析」は不毛

局面でも、今後につながるものとそうでないものがあります。再現性のない、その局面限定の話を長々としてもしょうがないと思います。

麻雀は複雑な組み合わせのゲームです。この人がこういう手出しをしていて、この点数状況で手牌がこうで……、といった具合に細かく場合分けすればするほど、同じ状況は現れなくなります。せっかくの分析も、次の試合の役に立たないものになってしまうのです。

したがって、**私はもう少し広い視野で捉え、「傾向」で問題を見つけるようにしています。**

「こういう打ち方はまずいな」という普段のクセを見つけて、修正していくこと。ある程度視点を絞ってモデル化し、応用できるものを蓄積していくこと。この2つの視点で私は分析をしています。

概して麻雀プロは、細かい分析を好む人が多いです。よくそういう話で盛り上がっているのを見ますが、「議論が細かすぎてなんの役にも立たないなぁ」と思えることが多々あるので、私はそういう話し合いには近寄らないようにしています。細かい検討の積み重ねが雀力につながるのはわかりますが、とにかく「俺はこんな小さな差に気づいたぞ」と言いたいだけの人は多いものです。

以前、正解の打牌1つと、不正解の打牌がいくつかあるとき、その不正解の中でどちらがよいか比較して延々と議論している人がいました。

「どちらも不正解なら意味ないじゃん」と思うのですが、そう言う人は、緻密な分析のうえで、不正解の中の最善手（笑）を見つけたことをアピールしたいのです。麻雀プロにはそういう人種が結構多い気がします。

微差へのこだわりはほどほどに

ちなみに数字の捉え方の細かさはパイレーツの中でもいろいろです。朝倉が極端に圧倒的に細かいので、いつも驚かされています。

チーム内であまりに細かい話になると、「そんなこと考えても意味ないんじゃない?」という指摘はしょっちゅうしています。

先日、朝倉がTwitterで面白い言葉をツイートしていました。

試合後に色んな人に話を聞いて自分でも牌譜[6]を見返して考えましたが、東1局1本場のカン8ソウチーせず中ポン、打6マンで放銃[7]の局面ごとの判断は冷静にできていたかなと思い直しました。結果に引きづられて甘かったと思いすぎるのは良くないですね。東4局の放銃は大差ではないものの明確に微差損という結論です(1月8日 朝倉康心/ASAPIN)(原文ママ)

明確なのか微差なのかどっちなんだと(笑)。

まあ彼にとっては「微差」を見つけることが大事なのでしょう。大差はないけど多分こっちのほうが損だということを、自分の中で納得したということです。ここにもそのこだわりが見えます。

6 麻雀のツモ、打牌、点数の得失などを記録したもの。

7 自分の打牌がロンでアガられてしまうこと。振り込みともいう。

19

「理屈バカ」にはなるな

理論を「机上の空論」にしない

私は、麻雀が強くなるためには、原則的な基本セオリーをわかったうえで、「自分に合ったセオリーをちょっと足す」くらいが理想だと思います。

しかし、実際は知識をどんどん吸収して、本人は強くなったつもりでも、実際には弱くなってしまっている人が多いのではないかと思います。

麻雀を一生懸命勉強している人や、若手の麻雀プロにもよく見かけますが、知識だけが先行しすぎた結果、場を読めているつもりで読めていなかったり、「守備的なつもり」「チートイツが得意なつもり」になって、バランスが悪く的外れな麻雀を打ってしまっているのです。

最近は麻雀の情報がインターネットであふれています。ネット麻雀のデータも簡単に入手できるようになりました。よいことではありますが、その情報の多さに、がんじがらめになっている人も多いのではないでしょうか。

たくさんの人がネットで自分の技術を発表していますが、その中にはいい技術もあれば、いまいちの技術もあります。正しいものと正しくないものを見極められないまま吸収してしまうのは、強くなるためには逆効果です。

そういう人たちは、昔から麻雀をやっている沢崎さんや前原さんには誰も勝てないでしょう。沢崎さんや前原さんは、ネットでいろいろ勉強している人と比べると、知識は少ないかもしれません。でも試合をすれば、きっとその2人のほうが強いです。

本当に強い人は、バランスがとれています。

「このぐらいだったら押す、このぐらいだったら引く」という判断など、局面でどう判断するかの、セオリーを踏まえたチョイスのバランスがとれているのです。何か1つのセオリーに固執したり、妄信することがありません。沢崎さんや前原さんなどは勝ち組として生き残ってきた人たちなので多分どんな相手でも絶妙なバランスで勝てる力を持っているのだと思います。

仕事でいえば、ビジネス書を読んだだけで満足してしまった人よりも、実戦経験豊富なベテランのほうが強いのと同じです。**理論や技術を学ぶことは大切ですが、それを机上の空論にしないためには、試行錯誤と経験が必要なのです。**

セオリーの真意を知れ

繰り返しになりますが、役に立たないセオリーが本当に氾濫しすぎです。

役に立つセオリーでも、間違った解釈で安易に用いて、痛い目に遭っている人も少なくありません。

「5を切ってのリーチに1・4待ちが少ない」というセオリーがあります。これは、正しく言うならば、「5を切ってない場合と比べると」という前提で、「5切りリーチに1・4待ちが少ない」という意味です。そこまでわかっていれば、セオリーとして少しは使えます。

ところが、それを聞いて、5切りリーチのときに安全牌として1を切ってしまう人がいます。これは絶対的な法則ではないのに、「5切りリーチで1は通る」と勘違いし、無条件で信じきってしまっているのです。

私は人に麻雀を教える場面が多いのですが、人に教えるときは「いいクセ」をつけることを大事にしています。

細かいセオリーを教えていくのではなく、長い目で得をするであろう、いいクセがつくようなことだけを教えたいのです。

たとえば、「この手牌から何を切るか」ではなくて、「こんな感じの手だったらこれ切っておけばだいたいうまくいくよ」というように、汎用性の高いものを教えて、例外にはあえて触れないということを意識しています。

例外は捨てていい

「Aのときは B しましょう」
「Cのときは D しましょう」

最初に、この2つのことを教えたとしましょう。
しかし正確に伝えようとすると、どんどん話が複雑になってしまうことがあります。

「ただし、A'のときは、E しましょう」
「その場合でも、A'－2のケースには、F しましょう」

これでは、せっかく何かを身につけようとしても、混乱してしまいかねません。

どんな世界でも、親切心からか、こういう説明の仕方で人にものを教える「教え下手」の人はいるものです。

私は人に何かを教えるときには、できるだけこういう「ただし書き」、つまり例外の部分は伝えないようにしています。

物事を正しく表現しようとすれば、例外はいくつもありますので、それらすべてに言及しなければなりません。

しかし、それらはあくまでも文字通りの「例外」です。

初めて学ぶ人は、説明された内容が、本筋の原理原則を言っているのか、それともあくまでもその例外として付け加えられた補足なのか、軽重の判断ができません。こと麻雀というゲームは複雑ですから、学び手はさらに混乱します。

その結果、理解できなかったり、身につく速度が遅くなったり、前に述べたように知識にがんじがらめになって、むしろ弱くなってしまうケースが出てくるのです。

ですから、大事な話をするときはなるべく例外には触れないように意識しています。

私は若者に麻雀を教える仕事をずっとしてきたので、どうすればきちんと理解してもらえるのか、常に意識しています。

教えていくうち、

「A'のときはどうするのですか?」

「A'－2のような場合もありますよね?」という例外について、学び手から自発的に質問されるようになります。そうすればしめたもの。こちらが意図した通りに理解してもらえているということです。そういう場面になって初めて、

「よく気がついたね。その通り。A'のときはEしましょう」と伝えれば、**学び手はそのことが原理原則から外れた例外だと認識したうえで、知識を格納できるようになるということです。**

これは自分でものを学ぶときも同様です。

まずは大まかな傾向や、原理原則をつかむことに注力しましょう。例外にこだわるのは、全体像を把握してからでも遅くはないのです。

20

マナーを守れる「心の余裕」を持て

マナーを守らない麻雀プロ

時々、「小林さんは、腹を立てることってあるんですか？」と聞かれます。人間なんだから当たり前だろと言い返したいです。

むしろ、しょっちゅう腹を立てているといっても過言ではないくらいです。日常生活や、政治・ニュースではそれほどないのですが、**こと麻雀に関しては、常にイラついていると言ってもいいのではないでしょうか。**

特にマナーについてです。

たぶん麻雀のマナーに関しては私が世の中で一番うるさいと言ってもいいでしょう。今、麻雀界でマナーといえば小林か滝沢和典かと言われているほどで、私もマナーにうるさい人だと思われている自覚があります。誰かが何かマナー違反をしたときには、「小林に怒られるぞ」という冗談も聞こえてくるほどです。

マナー面でしっかり打てている人は、Mリーグ内でもほとんどいません（ドリブンズ[8]

8 オーナー：博報堂DYメディアパートナーズ／選手：園田賢、鈴木たろう、村上淳、丸山奏子。

はそんな中でもまあまあ練習している感じはありますが)。

いずれにしてもマナーが完璧な人はゼロと言ってもいいと思います。

最近は放送対局も増えていますから、もっと視聴者のことを意識しなければなりません。でも、それができていないケースが多いのです。

放送対局で、ツモってきた牌を手牌の上に乗せて、一旦動きを止める動作を見たことがあると思います。あれは、自分だけ牌を見てそのまま切ってしまうと、視聴者に何をツモってきたのかが見えないので、わざわざ手牌の上に置いて視聴者に見せているのです。

置かない場合でも、ツモってきた牌がカメラに見えるようにいったん手を止め、それから切るのが望ましい動作です。

ところが、ツモ牌を持つ指で牌の表面が隠れ、結局何の牌なのかが見えないままで切ってしまう。そういう動作をしている人がよくいます。見せているつもりでも見えていないのです。

どの選手も、自分の対局映像は見直しているはずなのに、なぜこんな基本的なところに気づかないのか不思議で仕方ありません。

そこは麻雀プロの勝手なところで、結局、「何を切ればよかったかな」という自分視点でしか見ていないのだと思います。人に麻雀を見せる仕事をしているのですから、仕事の見直しという意味では、これで十分とは言えません。

お金をもらって麻雀をやるからには、見せるという部分も大事な仕事です。なのに、ベテランでもできていない。本当におかしな話です。

麻雀プロとして勝負ももちろん大事ですが、放送対局はその分のギャラをもらって、番組を一緒につくっているわけです。視聴者に対してどういう見せ方ができるか、そういう面にも目を向けて、よりよい番組、よりよい試合に磨き上げていかなければなりません。

私一人がそういった意識を尖らせて頑張っているというのは、納得がいかないです。

視聴者に牌を見せる「配慮」

もちろん、視聴者に見せるためではない、一般的な卓上でのマナーもあります。

点棒の払い方でも、本当にその点数分あることを確認できるように、きれいに並べて置くべきです。ところが、これをガシャガシャと乱雑に積み上げるように差し出す人もいます。これはよくありません。

ちなみに、点棒を見やすく並べる意識が私に身についたのは、団体の先輩である忍田幸夫さんの影響もあるかと思います。

また、たとえば8300点払うとき、とりあえず8000点分を出し、残り300点分を用意しているそばから、その8000点を持ち去る人がいます。これだと、今いくら払ったのか、わからなくなってしまいます。配慮に欠けていると言わざるを得ません。

また、アガリ形はきちんと見せるのがマナーです。

先日、あるベテラン選手がリーチ後に暗カン[9]をしたとき、右手で隠れて左に座っていた私のほうから4枚がちゃんと見えなかったということがありました。

私は思わず、覗き込んでしまいました。「ちゃんと見せろ」という意思表示だったのですが、本人は気づいていなかったと思います……。ベテランでも、マナーができていないのです。

私たちの仕事は、麻雀という競技を正しく伝えることですから、アガリ形は対戦相

9 鳴かずに4枚の同じ牌を揃えて、槓子として晒し、ドラを1枚めくる(ドラが1枚増える)。

手だけでなく視聴者にも見せなければなりません。

Ｍリーグでは、「鳴いてアガったときは牌を寄せてカメラに見せる」「ロンでアガったときはアガリ牌を持ってきて牌を全部見せる」という決まりがあるのですが、実際にそれを励行している人は全体の３分の１程度です。

プロになるときに、マナーの試験のようなものはあります。プロ入り後も講習会は各団体で開いているはずで、みんな勉強しているはずなのですが、できていない。そもそも教えている人たちも、できてない人が多いのではないかと思います。

マナーは、かかわる人や、あなたに時間やお金を費やしてくださる方々への配慮です。

配慮ができない人は「仕事ができない人」とみなされても、仕方ありません。

もしメンタルが揺れていて、マナーを守る心の余裕がないなら、この本を読んで強い心を身につけてほしいと思います（笑）。

コラム3

炎上にも動じないメンタルコントロール

私たちのように世間から注目されるような商売をしていると、インターネットやSNSでファンの方々からいただく意見について、どう自分のメンタルを維持するかという問題が出てきました。ネット上の評価を自ら調べることをエゴサーチというそうですが、タレントさんが自らへの悪評価を検索してへこんだり、逆ギレして炎上したりというニュースを聞きます。

私はこうしたエゴサーチを結構するほうで、Twitterの反応もチェックしますし、ABEMAのコメントも、盛り上がっているものは見ます。いただく意見の中には、「よく見ているな」「さすがだな」と思うものもあります。

もちろん、ファンからの感想で「わかってないなあ」と思う意見もありますが、いろんな感想を持つのはそれぞれ自由なので、それらに対して腹を立てたりすることは特にありません。それはそれで楽しく見ています。

私が思うに、反対意見を持つ人のほうが、発信したがるものです。

たとえば、私のツイートに対して反対・非難する返信が1000あったとしましょう。この1000人ばかりが目立ちますが、その裏には賛同していてもあえて発信しない9000人の賛同者がいるはずです。

今後、私を叩く人は2000人に増えて、今以上に目につくようになるかもしれません。でもそれは、私のTwitterアカウントのフォロワーが増えたり、麻雀中継の視聴者が増えて注目度が上がった証拠なので、むしろそうなったほうがよいと思っています。


Mリーグ選手でも、ネットの反応をとても気にする選手は多くいます。最近入ってまだ自分の麻雀に自信がない若手は特に、そうした傾向はあるようです。

そういう人たちに対して、私は常に「ネットでは叩かれるものなんだから、どんどん叩かせてやれ」と話しています。

繰り返しになりますが、プロなのだから、いい面・悪い面含めてすべて見せるのが仕事です。チョンボでもなんでもゲームのルールとして存在する以上、起こりうることなのですから、それも見せていこうとアドバイスしています。そのほうが麻雀の試合も盛り上がるでしょう。

ニコニコ生放送の放送が始まったのも9年ぐらい前ですが、一打一打にいろんなコメントを言ってもらえます。僕はいい時代になったなあと思います。

これからは、どんどん批判も賞賛も増えたほうがよいと思います。プロ野球などは、昔はおよそ2000万人もの人々がテレビで見ていました。

当時はインターネットがなかっただけで、みんな「下手くそー」「どこに投げてるんだよ」とテレビの前でヤジを飛ばしていたわけです。叩かれるのが嫌だからといって、プロ野球選手をやめるわけにはいかないないでしょう。

プロというのは、みんなの前で失敗したり成功したりを見せる仕事です。これは麻雀プロやプロ野球だけでなく、すべての競技やスポーツでも言えることだと思います。

「なぜそれをするのか？」「他にいい方法はないか？」「本当にそれでよかったか？」問い続けることをやめない人だけが、たどり着ける領域がある。

どんな偉人の言葉でも、納得できるまで受け入れるな。

第 4 章

疑い深い人だけが「本質」に近づく

21

「勝負に強い人」の条件

麻雀が強い人、勝負事に強い人には、以下のような特徴があると思っています。

・数字に強い
・論理的思考力がある
・視野が広い
・メンタルが強い
・確率思考である

数字に強い

数字に強いというのは、これまでに見てきた確率計算や、麻雀でいえば点数計算などが比較的得意なこと、または牌を組み合わせて役にしていく筋道の計算が速いことが挙げられます。

論理的思考力がある

単純な見かけの数字だけじゃなくて「こうなって、こうなったら、こうなるはず」というふうに、道理の道筋を論理的に組み立てて考えられる人のことです。

視野が広い

一つのことにしか目が向かないタイプの人は、強くなるのは厳しいと思います。最初に思い浮かんだ選択肢の他に、いろんな可能性を考えることができ、すべての選択肢に、それぞれのいい点と悪い点を挙げ、比較検討できる。そういう思考が必要だと思います。

一つの選択肢だけを取り上げて、その選択肢がいかに優れているかを熱弁する人は多いです。

しかし実際に強くなれるのは、結果的に選択しなかった選択肢の数と、それぞれの根拠、つまりメリット・デメリットを多く考えられる人のほうです。

日常生活でも「これはこうだ」ということを決めて、もうそのことだけしか考えない人と、「他にも何かいい方法があるんじゃないか？」と常に考えられる人がいると思います。

結局後者のような人のほうが、その場だけでなく、今後訪れるかもしれないさまざまな事象に対応でき、最終的に自分の望む結果を引き寄せられるように思います。

一般的には、これは「オプション」と言われます。常に複数の選択肢を用意しておいて、それがダメなら次の手をすぐ打てるように準備しておくこと。いざというときに慌てずに済みますし、心も落ち着いていられるというものです。

メンタルが強い

視野の広さと、メンタルの強さは密接に関係してきます。

心が不安定な人は、視野が狭くなりがちです。一つのことにこだわってしまうのをやめて、もっと冷静に、いろいろな可能性を検討したうえで選択するべきでしょう。

２０２０年Ｍリーグレギュラーシーズンで、パイレーツは、30試合を残した時点で最下位に位置していました。ここで私はインタビューで「今後あきらめずに頑張ります」とコメントしました。

これは「気合を入れます」という意味ではありません。

「何かを大きく変えることもなく、今まで通り、ポイントを積み上げる最適戦略を取り続けていきます」という意味なのです。

メンタルが揺れてしまって、「負けているからなんとか取り返さなければ」と心を乱すと、自分の打ち方を崩してしまうことになります。

劣勢を挽回するために「残り全部をトップと2着でいこう」と考えるのはいいのですが、3着になりそうになったとしましょう。そこで大きく心が揺れた結果、無理をして通常と違う麻雀をしてしまうと、最適解から大きく外れてしまいかねません。

冷静になれば、4着より3着のほうがいいはずなのに「ああ、3着じゃダメだ」と動揺してしまい、4着になってしまう人もいるのです。

「今こんなにマイナスを出してしまっているのに、3着で終わらせるなんて嫌だ」と考えているのなら、感情で判断してしまっているのです。残り30戦あれば、その中には必ず3着も4着もあるでしょう。3着になりそうなときは、冷静に3着を受け入れたほうがいいと考えます。

繰り返しになりますが、メンタルを強くしたいなら、物事をロジカルに考えるようにすることが一番の近道です。

確率思考である

麻雀は、偶然を偶然として受け入れる人のほうが強いと思います。偶然の不幸にも動じず、論理的に考えることができて、「すべては確率通りに起こる」ということを受け入れている。そういう人のことです。

なので、絶対ではありませんが、基本的にはポジティブな人のほうがよいでしょう。

麻雀は本当に思い通りにならないことばかりです。アガれるのは、４人に１人です。その中には流局がありますから、実際はもっと減ります。１００局やれば20局ぐらいしかアガれないでしょう。

その20局も理想形に仕上がってアガれているわけではなく、妥協のアガリはたくさんあります。いい手を作ったけど結局安めでアガったとか、いい手にしたかったけど鳴いてアガったとか、そういうケースです。

100局やったうち、満足のいくアガリはほんの数局しかないでしょう。すると90局は、望み通りではない結果となります。

局単位でもそうですし、ゲーム単位でいうと、やはり4回に1回しかトップを取れないわけで、「十分に満足のいくトップ」など、4回に1回より、はるかに少ないのです。

したがって、基本的には思い通りにならないことが4分の3以上はあるわけです。

こういう麻雀の本質を、いかに理解するかが大切です。全力で毎局アガリにいっても80％近くはアガれない。妥協のアガリも除けば、80％以上はいいことは起こらない。基本的にはそういうゲームなのです。

その思い通りにならないことに慣れたほうが、うまくなると思います。

ですから、思い通りにならないとすぐ打ち方を変えてみたり、普段通り打てなくなってしまったり、「今日はもうダメだ」と投げやりになってしまったりする人は、強くなれません。

そうではなくて、**どんなに負け続けても「確率的にはそういうこともある」「こういうゲームなんだから」と、前向きに打ち続けられる人のほうが強いのは、間違いな**

いでしょう。

これは麻雀に限ったことではありません。営業でも婚活でも、「断られることもある」「フラれることもある」と割り切ってアプローチを続けられる人が、きっと最後には勝つでしょう。これも同じことです。

気持ちの面で割り切れているので、「失敗したらどうしよう」とおびえている人よりも、相手に前向きでよい印象を与えられる可能性もあります。

実際、トッププロにも、前向きでポジティブな人のほうが多いです。本人に聞くと「私はネガティブなんです」と言う人も中にはいますが、それでもやはり、「負けても、負けても人前に出て麻雀打って、たまに勝つ」という感覚を体得しています。

ですから、麻雀を長年やっている人は、偶然起こる不幸なことに強くなっていると思います。

麻雀が強い人は、日常生活で何が起こっても動じないものです。

41ページの朝倉のように、負けるたびに後悔し敗因を追求して……それを繰り返して強くなったネガティブ思考のケースもありますが、これは例外中の例外です。

22

選択の「理由」を自問し続けろ

勝っても改善点を探す

負けたときでも、勝ったときでも、私は常に改善点を探しています。

前述の私が4着になった対局で、迷いながらも押し切った局が3局ありました。その間勝負して切った牌は8枚。その結果、小さくうまくいったのが2局で、痛い目にあったのが1局でした。

理想的には、この8枚すべてについて、本当に押してよかったのか、結果に限らず検討すべきです。痛い目にあった1枚だけとりあげて検討するのは間違いです。

また、違う視座での検討も可能です。

前述の対局では、少しだけうまくいった2局と、大きく失点した1局を合わせると、少しのマイナスでした。一方、これが仮に全部降りていたと仮定した場合の合計も、同様に少しのマイナスだったのです。

全部降りた場合、全部押した場合、部分的にある箇所だけやめた場合。そうした全体での損得計算からも検討しておくべきです。

こうした検討を、私は普段からやっています。これをおろそかにしないことが、強くなる秘訣だと思います。

もちろん、今でも迷います。麻雀は常に「これで合っていたかな？」の繰り返しです。迷って切って、家に帰ってからも「あの一打は合っていたのかな？」と常に検討するものです。

プロは結果がすべてと言われます、しかし、これは「結果だけを気にすればよくて、プロセスはどうでもいい」という意味ではありません。

結果は、よいプロセスの積み重ねで、よりよいものになっていくはずです。それでも、目の前の一つひとつの結果は、一定の確率で起こる偶然の結果でしかありません。

したがって、必ずしも「アガれたから正解」ではないと思います。目的はあくまでも、長い目で見た結果を残すことなのですから。

パイレーツが配信しているYouTubeチャンネル「おしえて！パイレーツ」の中で、私が明らかな間違いをしてアガった局について、「アガった局でもちゃんと間違いを検討しなさい」と言う結論で解説しました。結果は偶然なので、プロセスだけを大事にしなさいということです。

脳内シミュレーションをやめるな

放送対局の場合、他者の手牌も見ることができるので、検討する材料も増えます。ありがたいことです。

しかし、一般の方には、それもできません。

放送対局がない時代、私は牌を切る前に、「なぜこれを切るのか？」という理由を考えるようにしてきました。もちろん、切った後に再検討することもあります。こうした検討を繰り返して、雀力を鍛えてきたのです。一般の方にも、この方法をお勧めしたいと思います。

時々、一枚切ったら一仕事終わりとばかりに、飲み物を飲んで休んでいる人もいますが、それはもったいないこと。

自分の次の番が回ってくるまでに、「今切った牌が合っていたか」「今後どうしようか」など、いろいろ考えることはできるのです。

麻雀に限らず、日々の行動においても、「なぜ私はそれをするのか？」「本当にそれをしてよかったのか？」と自問する習慣は、持っていて損はないと思います。

たとえば仕事が立て込んでいて、残業しなければならないとしましょう。

何も考えずに残業するのは簡単です。そこで一呼吸おいて、「なぜ私はそれをするのか？」「本当にそれをしてよかったのか？」と考えれば、「そもそも仕事量がどんどん増えてきている」「課長に割り振りを考え直してもらおう」のように、今後残業せずに済む解決策も浮かんでくるはずです。

選択肢のバリーションが増え、そしてその選択を正しく評価できるようになれば、自信を持って勝負に臨むことができます。

どっしり落ち着いていられるようになって、「あいつ、メンタル強いな」なんて言われるようにもなるかもしれません。

23

「素直さ」は時に足かせとなる

正解は人と違っていい

麻雀プロでも、打ち方は人それぞれ違います。セオリーがあり、ある程度の確率・数字も広まってきてはいるのに、人によってさまざまな個性が見られます。

その理由は、麻雀が「正解のわかりにくいゲーム」であることだと考えます。

2つの選択肢があったとき、10対0でどちらかが一方的に正解ということはほとんどなく、6対4ぐらいでどちらかといえば一方が正解に近い、程度の判断になる場合が多いものです。

しかし、第2候補の4のほうを選び続けても、実はそれほどマイナスにはならないので、その選択でも悪くないといえるケースが多々あります。

その上位2つの選択をする際に、鳴き重視・門前[1]重視、スピード重視・得点重視などの自論がそれぞれが加味され、判断基準によって雀士の個性が出てきます。

面白いことに、「オカルトバスターズ」を結成してオカルト理論の撲滅を叫んでいる鈴木たろう、村上淳、小林の3人でさえ、雀風はまったく異なります（昔はもっと似

1 一度も鳴いて（ポン、チー、カン）いない状態。

2 各局の開始前に積まれた2段17枚×4の牌山。そこから牌をツモっていく。

ていたようにも思いますが)。

これもやはり、麻雀では数字で説明できる部分が限られていて、数字で説明できない部分の捉え方がことなるからだと思います。その3人がたとえば数字で計算して「あっ、これが得だね」ということがわかれば、3人とも納得します。意見が分かれるのは数字にできない部分です。

とはいえ、**人の能力によって出せる正解は違いますし、むしろ人によって正解は違ってもいいとさえ私は思っています。**

たとえば村上は、山[2]を読む能力が優れているので、チートイツ[3]（七対子）で待ち牌をしっかり選んでアガる能力が人より高くなります。だから村上は鳴かなくてチートイツに固定してもいいのでしょう。村上は読みが優れているので一般的には損かもしれないチートイツに固定しても見返りがあるということです。

読みがダメな人はあまりチートイツに固定せず、対々和《トイトイホー》[4]も視野に入れて進めたほうがいいのかもしれません。同じ手牌でも、人によって価値が異なるということです。

たとえば受注がほしい営業マンがいたとしましょう。

3 役の種類。7つの対子（同じ牌2枚1組）を門前で揃えて成立する。

4 役の種類。刻子（同じ牌3枚1組）を4つつくってアガると成立する。

物おじしないタイプなら、新規顧客の開拓が近道かもしれません。思慮深いタイプなら、既存顧客のニーズを掘り起こして追加受注を狙うべきかもしれません。得意・不得意をふまえた自分なりの正解を知っておくと、選択の精度は上がります。

今の常識も非常識になる

子どもの頃から、人に何を言われても、「本当にそうなのかな?」と疑ってかかるようなところがありました。一見ひねくれ者のようですが、こうした「常識を疑う」思考は大切です。

「風邪をひいたら風呂に入るな」
「背を伸ばしたいなら牛乳を飲もう」

もちろん諸説ありますが、**昔は当たり前のように信じられてきた常識が、近年科学的に見直されるようになってきています。**

日本人の美徳なのか、言われたことを素直に聞くことをよしとする風潮が根強くあるように思います。特に目上の人や、自分より優れていると思っている人の言葉は、無条件に受け入れてしまいがちです。

しかし実際は、自分で論理的に納得したわけではないのに、「そういうものなんだ」「そうと言われているんだ」と、頭の中にインプットしてしまうことが多いものです。

ちょっと話は外れますが、最近の歴史の教科書を読んだことはありますか？　そこには私たちが習ったことと違う「過去」がたくさん書かれています。

たとえば、歴史のゴロ合わせで「いい国（1192）つくろう鎌倉幕府」と覚えませんでしたか？　現在は、鎌倉幕府の成立は1185年頃とされており、1192年は、源頼朝が征夷大将軍になった年と言われています。

他にも、「鎖国」という言葉はもう使われておらず「幕府の対外政策」と言い換えられています。実際には国交を断絶したわけではなく、中国やオランダと交易が続いていたからです。さらに、中学校では聖徳太子よりも「厩戸王」がメインの呼称になっているそうです。

このように、かつての常識がいつまでも常識だとは限りません。新しい学説や発想は、こうした「常識を疑う」思考から生まれてくるものです。

3度の三冠王に輝いた落合博満さん、そしてイチローさんも、指導陣からは「教科書の基礎を大切にしない奴」と思われながらも、常識を鵜呑みにせず、真実を見つめ

続けて、一流の選手になりました。

麻雀の世界でも、常識やセオリーに縛られて、思考停止になってしまうことが多々あります。私が麻雀を始めたとき、それを嫌というほど思い知らされましたが、その経験が今の雀力につながっていることは間違いありません。

数値化すると本当の価値がわかる

常識を疑うとき、私は数字で捉え直すことが多いです。

8000点をアガると、トップ率がすごく上がります。安い手でアガってもトップ率にあまり変化はありませんが、8000点でアガればトップ率がすごく上がるのです。そのため、「Mリーグのようにトップの順位点が大きいルールでは、なるべく8000点を目指すべきだ」みたいな論調が多いと思います。

その意見自体はそんなにおかしくはありません。でもせっかくなので、数字で検証してみることにしましょう。

8000点をアガると、トップ率が20%ぐらい上がるとしましょう。でも2000点でアガる場合も、5%ぐらい上がるはずです。すなわち、2000点のアガリにまったく価値がないわけではないのです。

ところが往々にして、ことさら20％に価値があり、5％が無価値のような錯覚をしてしまう人が多いのも事実。その結果、8000点を狙うことを好む人が多いようです。そうなってしまうと、期待値としては同じ「2000点を4回積み上げよう」という発想に至りません。

やっぱり「20％は大きいけど、5％なんて誤差みたいなものだろう」と思うからか、結局皆が高い点数を狙いに行き、アガるのが遅くなってしまうのかもしれません。

（ここでの20％、5％という数字はあくまでもたとえです）

これが「2000点でアガるとトップ率は2％しか増えないけど、8000点でアガると20％増える」ということであれば、比例していないので2000点の価値が下がります。しかし、実際はそんなことはありません。

世の中、厳密に数値化できることばかりではありませんが、数字に置き換えると、今まで見えていなかった事実が見えることがあります。

24

歴史と伝統の「セオリー」を疑え

麻雀界には昔から、論理的に考えると「本当にそうなの？」「実は違うんじゃないの？」と思われるセオリーがいくつもあります。
昔の数字に疎い人が思いついた、あやしいセオリーです。

「親の連荘」

前著『スーパーデジタル麻雀』（竹書房）でも紹介しましたが、親の価値を過大評価している人が多すぎると思います。

麻雀に詳しくない方のために補足すると、麻雀では各局で誰かが親となり、局ごとに持ち回るのですが、親がアガった場合は次の局も繰り返し同じ人が親となります（連荘）。そして、親がアガると、子がアガる場合よりも1・5倍の得点を得られます。

だからみんな「親の連荘《れんちゃん》」を追い求めるのです。解説でも「ここは連荘したいですね」というコメントをよく聞きます。

しかし、ルールと面子の傾向にもよりますが、親の場合の1局あたりの平均収支は、子と比べてプラス400～500点にすぎず、1局あたりのアガリ点の平均

6000〜7000点と比べると大した数字ではありません。**連荘を狙うばかりに、安い手でアガってしまっては、得点的にもあまり意味がないのです。**

逆に親であることで、リスクにも晒され続けます。ツモられた場合、親は子の2倍の点数を払わなければなりません。得点1・5倍という特権を手放したくないあまりに、ツモの失点2倍を軽視している人は、意外と多いのではないでしょうか。

ビジネスにおいても、そうかもしれません。たとえば、既存業者よりも3割安く納入してくれる業者さんを見つけたとしましょう。コストが下がれば、当然利益額もアップしますので、すぐにでも取引を始めたくなるかもしれません。

しかしながら、既存業者さんのような信頼も実績もありませんから、思わぬトラブルが発生しする可能性もあります。最初は少ない発注量から始めるなど、リスクヘッジすべきでしょう。

麻雀に話を戻すと、私は親番のときには最大限に高い手にすべきだと考えています。私にとって、親番のテーマは「高いアガリ」か「安全な親流し」です。

「ドラが見えてないから……」

麻雀界の間違った理屈、ドラ[5]の扱いについて。

ある局面で弱気な無難な選択をした人に話を聞いたら「ドラが見えてなくて怖いから……」という答えが返ってくることが多いです。「ドラが見えない」というのは、場にドラが捨てられていないということです。麻雀の話をしていても、麻雀番組の解説でも、よく聞きます。

理屈としては一見正しそうですが、実際のところどうでしょうか。


たとえば2人がドラを切っているとしましょう。

これは「ドラが見えているから安心」と言えるでしょうか？

「ドラを切るほど十分な手牌が入っている」という危険信号だとは、考えられないでしょうか？

これはケースバイケースですし、どちらなのか、なかなかわからないと思います。ところがその検討もなしに「ドラが見えてない」ことを勝手にマイナス要因と捉えることが多いのです。


反対に、「ドラが見えていない」という事象はどう捉えたらよいでしょうか。これ

5 アガった際、これがあると得点が加算される牌。懸賞牌ともいう。

はいろいろな解釈が可能です。

「誰かの手牌に固まっているかもしれない」と捉えれば危険だと言えます。

しかし「ドラを1枚抱えて困っている人が何人かいるかもしれない」と言い換えると、チャンスになります。

そこでリーチすれば、相手はそのドラを切れなくて困る可能性があるわけです。

起こった事象を、ポジティブに捉えすぎても、ネガティブに捉えすぎてもいけません。

最初に「これはヤバい」と思ったとしても、「これをチャンスとして捉えることはできないか？」と自問できる人こそが、ロジカルな人なのだと私は思います。

「最高形を残す」

麻雀にも、将棋や囲碁と同じように、「どの牌を切るのか？」を考えさせる問題集が出ています。その解説の中でよく言われるのが、「最高形を残す」というものです。

これさえ残しておけば一番いい手になる可能性があるので、逃さないようにしましょう、ということです。これは一見理にかなっているようにも見えます。

しかし実際の麻雀は、そこまで単純ではありません。

最高形を残すか、妥協してアガりやすい形にするのか。あるいは、もうアガるのをあきらめて、ひたすら安全な牌を切っていくのか……。**そのリスクとリターンを比較して、どれを選択するのか、バランスよく検討するゲームなはずです。**そこで思考停止して「最高形を残す」ことだけを根拠に決めるのはおかしいと思いませんか？

これは仕事でも、プライベートでもそうだと思います。リスクを最小限に抑える手堅い選択か、一番いい結果が出る可能性を残す選択か。

もちろん、答えは状況にもよるでしょう。

少なくとも、「最高形を残す」という一つの理由だけで判断するならば、それはセオリーでもなんでもなく、ただの個人的なこだわりです。

これらのように、よく耳に入ってくるセオリーはそのまま信じるのではなく、自分の頭で考えてみて、本当にそれが正しいのか、自分の認識が間違っていないのか、何か見落としていることはないのか、よくよく考えてみるべきでしょう。

ビジネスでも「営業は足で稼げ」「メールより電話で伝えろ」などと言われたりしますが、本当にそうなのか、一度疑ってみてもいいかもしれません。

25

「選択の理由」を人に聞け

真似は学びの第一歩

何か技術を身につけるとき、まずは真似ることから始めろ、とはよく言われます。「学ぶ」という言葉は「まねぶ」からきたとも言われます。

「まずは一流の人のやること一挙手一投足を真似て、体に染み込ませること。理解は後からでもいい」ということだと私は理解していますが、そこに「なぜそのようなことをしているのか？」と一つひとつの意味を考えて、理解してから真似るようにすると、より早く、確実に身につくのではないかと考えています。

麻雀が強くなりたい人は、いろいろな人のやりかたを単純に真似てみればいいと思います。すでに述べた通り、人によって打ち方はさまざまです。やっていくうちに、自分のスタイルも決まっていくのではないでしょうか。

好きなプロ雀士がいるなら、「その人ならどう打つかな？」と想像して打つのもいいですね。

それより一歩進んで、**本気で強くなりたい人は、皆の一打一打を「これは損だ、これは得だ」と考えるクセをつけてみてください。**

解説者のコメントも参考に

「なぜその牌を切ったのか？」

その理由を知り、勉強していくには、解説者のコメントも参考になります。

特に参考になる解説をしてくれる解説者として、まっ先に思い浮かぶのは、渋川難波、勝又健志、土田浩翔《つちだこうしょう》、多井隆晴《おおいたかはる》の4人です。

渋川、勝又は、すべて理屈で解説しているので、一手一手の裏付けや理由を学びたいときには非常に参考になると思います。勝又は、「こういう理由で、こう切りましたね」と表現することがあり、とてもいい解説だなぁといつも感じています。

一般の人が打牌を選ぶ際、勝又のように「こういう理由で、こう切った」と考えられるようになると、選択の精度が上がります。これは、よりベストな選択をしていくための練習です。

人生もビジネスも、よりベストな選択を積み重ねた人が勝つという点では同じです。

さまざまなシーンで「なぜそれをするのか？」「なぜそれをしたのか？」と問い続

けることができると、人生もビジネスもうまくいくようになると思います。

たとえば、あなたと同じ仕事で成果を上げている人や尊敬する人に、「なぜそれをしたのですか？」と理由を聞いてみてください。大きな気づきがあるかもしれません。

麻雀の解説に話を戻すと、理屈をわかったうえであえて深くは触れず、放送を盛り上げているのが土田さん、多井さんです。特に土田さんは、少しふざけたキャラクターとして認識されていますが、理論的にはとてもしっかりされた方で、視聴者に楽しんでもらうために、バカにされるのも承知でオカルトも織り交ぜているのだと思います。ここ10年の放送対局のレベル向上は、土田さんの貢献度も大きいはずです。

一般の人にとってももちろん、われわれが仕事として見ていても、彼らの解説は素晴らしいなあと思います。短い時間で、視聴者にわかりやすく伝えるのって、意外に難しいものです。

番組にオカルトを入れるな

彼らがきちんと解説しているのは、麻雀のプロセスです。

これと比較して、野球の中継で、オカルトが見え隠れする解説者が気になります。思い浮かぶのは、ミスター・タイガースの掛布雅之さんです。流れという言葉を扱う必要はないのに、「チャンスを作りました。この流れを大事にしてちゃんと攻めたいですね」というように話されます。

しかし気がついたのですが、放送中のコメントの「流れ」という部分を「点数状況」とか「点差」とかに置き換えれば、とたんにまともになるのです。なのに多くの方が、「流れ」という言葉を、あえて使いたがる。

相撲でも、昔ながらの親方は精神論とか「こうあるべき」という伝統を大事にする傾向です。北の富士勝昭さんは少し古い人なので、「ここはぶつかっていってほしい、力でぶつかり合ってほしい」というような調子で語ります。中身はやはり精神論に偏っていますが、話が面白いので人気があるのだと思います。

私が解説者としていいなあと思う舞の海秀平さんは「隙をついて回り込み」というふうに、技術論での解説が中心です。相撲では、私は琴錦功宗さん、舞の海さんが好みです。技が上手だった人たちの解説は、精神論ではなく技術で語っていることが多いようです。

コラム4

正しい用語を使え

私、そして麻将連合が目指しているのは、競技麻雀において強い選手になること、強い選手を育てること。多くの人々に技術と偶然の競技である麻雀の面白さを知ってもらうことです。

そういう意味で、私はかねてから、わかりにくい略語を使うことはやめて、正しい用語を使うことを推奨しています。

略語を使用することは、一見便利で、また「ちょっと知っている」麻雀通を気取れるかのような甘い香りがします。

最近、放送対局などでも、業界内で用いる略語を使用しているシーンをよく見かけますが、略語を知らない人を混乱させてしまったり、その用語が示す本来のルールをわかりにくくしてしまったりする危険性があります。

手牌がテンパイするまでにあと何枚必用かを示す数字で向聴（シャンテン）数という

ものがあります。あと3枚でテンパイなら三向聴《サンシャンテン》、2枚なら二向聴《リャンシャンテン》、1枚なら一向聴《イーシャンテン》と言います。麻雀界では、なぜかイーシャンテンのとき、イーを省略してシャンテンと呼ぶ人がいます。イーを省略すると、意味が全然わからなくなってしまうのです。ですから、一般の方に麻雀を楽しんでもらうことを妨げる略語は正すように、私は厳しく指摘しています。

ここで気をつけていただきたいのは、目的は「意味がわからなくならないようにする」ということです。

ところが、これを誤解して、私をただ頭の固い、言葉に細かい、うるさい奴だと、間違った見方をされることも少なくありません。こうしたキャラが定着しているのはある意味ありがたいと思いますが、本来の目的が達成できないのは困ります。

先日、とある麻雀プロの本で、私がすごい理屈っぽくて頭が固いということを説明するくだりで「メンホンチートイツと言う人がいるけど、チートイツは門前なのだから、『メン』はわざわざ使わなくてもいいじゃないか」と、私が言ったように書いてあったのです。

私の見解は「別に付けてもいいじゃないか」というものです。

「メンホンチートイツ」という言い方は、むしろ丁寧なだけで、それによってわかりづらいことは何もないではないですか。かつ、役を指折り数えるときにメン－ホン－チートイツと言ったほうがわかりやすいくらいです。

私が麻雀用語を正しく使えと言っているのは、わかりづらくなる変な用語を使うなという意味です。したがって、そうでないものについて私が文句を言ったことは一度もありません。

ところがこのように、「小林は頭が固い」とだけ捉えられるのは、悲しい話だと思います。

他にも、牌の並びが「５６７７８」となった場合、「ゴロチチパ」と言う人がいますが、これは専門用語でもなんでもなく、仲間内で使っている単なる略語です。視聴者にとってわかりづらくなるばかりか、それに影響されて、ファンの皆さんが変な用語を使うようになってしまうことにもつながりかねません。

放送対局は、多くの皆さんにより麻雀の理解を深めてもらい、親しんでもらうためにあります。そこでわかりづらい用語をあえて使うのは、本末転倒ではないでしょうか？

確率のゲーム、麻雀に夢中になった少年時代。雀荘に入り浸り、大学を中退してプロに。「野口恭一郎賞」「将王」などを獲得し、トッププロへの階段を駆け抜けた。

現在は麻雀界の頂点「Mリーグ」で熱戦を繰り広げている。

第 5 章

「鋼のメンタル」ができるまで

子どもの頃から「数字好き」

この章では、プロ雀士・小林剛がどのように生まれ育ち、「鋼のメンタル」と言われる雀士になっていったのか、私の半生を振り返りながらお話ししていきます。

ドラクエのダメージ計算式を算出

小林家は、家族全員どちらかというと冷静な性格だったように思います。その中でも私は、幼少期から「無感動で冷めている」と周りから見られていました。

兄弟は、6歳上の姉と2歳上の兄がいます。父が野球好きだった影響で、夜は皆でプロ野球中継を観ていました（本書で野球の例が多いのはそのためです）。

特に野球が好きだったわけではありませんが、当時は夜テレビをつけると当たり前のようにプロ野球中継が放映されていた時代。楽しみにして観ていたというよりも、なんとなく眺めていた感じです。特にひいきにしているチームもありませんでした。ですから「がんばれー」「打てー」などと観戦が白熱するわけでもなく、実に冷静に試合の内容を楽しんでいました。比較的みんな数字に強かったのか、**打率や防御率、勝率などの数字について議論することが多かったように思います。**

私は小学校の頃から、数字にうるさい子どもでした。教科の中でも算数・数学が一番好きで、成績も算数・数学に限っていえば、昔からずっとよかったと思います。

私と同じように、算数が好きな友達がいました。彼とは小学校1年から中学校1年まで同じクラスで、出席番号も7年間ずっと隣だったのですが、常に彼と成績を競っていた記憶があります。算数の成績だけは彼に負けたくなくて、テストで間違えるのが悔しい、百点で当然だと思っていました。

いろんな遊びをするときも、あらゆることを数字で捉えてみる性分でした。

中学時代に流行っていたファミコンのRPGゲーム「ドラゴンクエスト」シリーズでは、クリアするだけでは飽き足らず……。**何度もやりこんで攻撃力と守備力とダメージの関係を予想して統計を取り、その数式を完成させたこともあります。**後で知ったことですが、当時の分析結果は正しかったようです。

「理不尽」の意外な恩恵

部活動は、中学から高校の6年間、柔道をやっていました。柔道を選んだ理由は、その頃流行っていたプロレスの影響もあったのかもしれません。

部活動といえば、今でこそ自由に楽しむ雰囲気になってきていますが、当時はまだまだスポ根の気風も残っていた時代です。ましてや柔道となると、日本古来の、精神的な鍛錬も大切にされる世界でした。

今の「コバゴー」のイメージとはギャップを感じられるかもしれません。**やはり運動部ですから、「理不尽だ」と思われるものもいくつかあり、おかげで精神面では鍛えられました。**

当時は文句も言わずに続けることができ、一応、黒帯まで取りました。

理不尽なこととして思い出されるのは、他校の強豪校が負けて下がってくるなり、先生に思いっきりビンタされている場面に出くわしたことです。うわあ、ひどいなと思っていました。うちの高校はさほど強豪校でもなかったので、そのようなこともなく、よかったと思っていました。

反対に、「理不尽」の恩恵もありました。中学の顧問の先生が柔道界の有力者で、都大会の運営委員をやっていたことから、私たちも都大会の係にちょくちょく駆り出されました。やる仕事はタイムキーパーや結果の記録係です。

もちろん無償なのですが、本来見られない強豪校の最強クラスの選手たちの試合を間近で見ることができたのはよかったと思います。すごいなと思ってみていた選手の中にはその後、オリンピックで金メダルを獲った瀧本誠選手もいました。

私は体も小さく、弱いほうで、体の大きい他の部員にはなかなか勝てなかったので、どうやったら勝てるかいろいろ創意工夫をしていました。たとえば内股すかしなどの、相手の知らない技を習得して負かそうとしたり、右利き相手のときには左組みで、左利き相手のときには右組みでというふうに、相手がやりにくい組手で絡んだり、という具合です。

高校1年の頃までは、中学から始めた経験の貯金分でなんとかやっていましたが、以降は徐々に麻雀へと興味関心が移っていったので、本気で取り組んだのは中学1年からの実質4年間くらいでしょうか。

確率のゲーム「麻雀」にハマる

「麻雀ってそんなもんじゃねえだろう」

麻雀を覚えたのは高校1年生です。当時仲の良かった仲間数人から誘われたのがきっかけで、最初はもちろん一番弱かったのですが、数字にも強かったので、ルールや点数計算などはすぐに覚えました。

そこからは、休み時間や放課後、友達の家などで、毎日のように麻雀に没頭していきます。10人ぐらいのグループがあり、その中には中学も高校も違う、「友達の友達」も加わっていました。

学校で遊んでいたのはもっぱらカード麻雀。牌の代わりにトランプのような札が136枚あるやつです。休み時間にはいつも遊んでいましたし、放課後は部活をサボって教室で始めたり、下校後は友達の家に集まっては卓を囲んだりしていました。ほぼ週5のペースです。高校は共学でしたが、クラスの女子たちは、「麻雀ばかりやっている、近寄りがたい奴ら」という目で見ていたことでしょう。

ここまで麻雀にハマってしまったのは、やはり麻雀が数字の組み合わせのゲーム、確率のゲームだったからだと思います。子どもの頃から得意だった算数と数学の中でも、特に確率は好きだったので、それが活きる麻雀というゲームに、本能的に惹かれたのでしょう。

確率は、与えられた一つの問題から、いろんな計算の仕方が考えられるものです。問題をまずどう捉えるか、どういう式が立てられるのかを考えるのが確率の問題を解く醍醐味でもありますが、麻雀もそれに似たところがあります。

現在の、統計的な麻雀思考の礎が形成されたのはこの頃からだったように思います。麻雀仲間の中にはうまくいかないと「今日はダメだー」とかいいながら、投げやりになってしまう人もいました。メンバーの中で学業の成績が一番いい奴がそんなセリフを吐くこともありました。

そんなときでも、**「麻雀ってそんなもんじゃねぇだろう。真面目にやれば勝てるの**

に……」などと思いながら打っていたことを思いだします。

考えてみれば、友人たちが当時のアイドルの話やら雑談しながら麻雀を楽しんでいた中で、私だけ黙々とやっていたように思います。そのせいか、戦績はどんどん上がっていきました。

とはいえ、高校卒業までの最終格付けとしては、10人中3〜4番手くらいで、一番ではありませんでした。今でもそのメンツとは時々会っていて、ＬＩＮＥグループをつくって、Ｍリーグの日はいつも盛り上がっています。

麻雀への覚悟はすべてマンガで学んだ

その頃、貪欲に知識を吸収したいと思っていた私は、麻雀の雑誌が手に入ると隅々まで読んでいました。高校の頃には、ちょうど『近代麻雀』が3種類出ていて、私は全種類読んでいたと思います。それらに連載されていてハマった麻雀漫画が、福本伸行さんの『アカギ』と、その元ストーリーである『天』、片山まさゆきさんの『ノーマーク爆牌党』などです。

『アカギ』などは、今思うと全然麻雀漫画じゃないとも思いますが、福本語録とも言われる、麻雀に対する考え方に惹かれたものです。

「死ねば助かるのに…」
「背中に勝とうという強さがない、ただ助かろうとしている。博打で負けがこんだ人間が最後に陥る思考回路…あんたはただ怯えている」
「人は危機に相対したとき、その本質が出る」

など、今読んでもやっぱりいいなあと思う名言がたくさん登場します。技術的に難しいことはそんなに書いていないのですが、精神的な部分に感化されたのかもしれません。パイレーツのメンバーにも読ませたいものです。

福本さんの作品では、『銀と金』も考え方の参考になる部分が多かったように記憶しています。

『ノーマーク爆牌党』は、競技麻雀の世界を知り、なんだか面白そうだと思い始めたきっかけだったように思います。

■『近代麻雀』の問題に鍛えられる

『近代麻雀』といえば、「何切る」コーナーを好んで読んでいたことを思い出します。次にどの牌を切るかの例題が掲載されていて、その次のページをめくると解答があるのですが、中でも伊藤優孝さんの答えが好きでした。伊藤優孝さんは今でこそ「オカルト派」といってもよい人ですが、「何切る」の解答は説得力の高いもので、当時大いに勉強させていただきました。

その後、縁があって『近代麻雀』の「何切る」コーナーの問題作成と執筆を、8年間担当させていただきました。その間に作成した問題は、約1000問。

問題の作成者には「よりベストな選択は何なのか？」という問いを突き詰めていくことが求められます。「何切る」は、読者の雀力を鍛え上げるコーナーではありますが、私自身の雀力も1000問を作成する過程でだいぶ鍛えられ、現在の私の糧になっていると感じています。

トップを目指し「プロ雀士」へ

大学より雀荘に通った日々

こんな高校生活でしたから、受験勉強にもあまり身が入りませんでした。ただ数学だけは得意だったので、英語と数学だけで受験できる大学を探していたところ、東京理科大学を知ったのです。まあ落ちてもいいやと思いながら受験したところ、運よく合格できました。正直、行く気もあまりありませんでしたが、その他の受験もうまくいかなかったので進学しました。もし、東京理科大学に受かっていなければ、浪人して国公立や早慶を受けていたかもしれません。

私が通っていたのは理学部数学科です。数学科なのに、どちらかといえば数学が苦手な人ばかりという印象で、かくいう私は数学が得意でも大学に魅力も感じず……。

ついつい足はキャンパスよりも、雀荘に向いてしまう有様でした。

大学入学時に始めたアルバイトは当然のように雀荘でした。バイト先の雀荘だけでは飽き足らず、休みの日は他の雀荘に遊びに行ってました。

それまで友人とばかり打っていたものですから、知らない人と打つ麻雀は初めてです。大負けはしなかったものの、最初の頃はさすがに緊張感がありました。ただそれも徐々に慣れていき、なんとか戦えるレベルになってきました。ここで働きながらさまざまな人の麻雀を見たり、話を聞いたりすることを通じて、麻雀のマナーや一般的な仕事の仕方などを学んだ気がします。

大学を中退してプロの道へ

1年ほど雀荘で働いているうち、麻雀プロとして競技麻雀の道を考えるようになりました。大学の勉強にも、卒業して就職するのも意義を感じられませんでした。

現在所属している麻将連合の母体でもある、日本麻雀最高位戦（現最高位戦日本プロ麻雀協会　以下、最高位戦）というリーグに入ろうと思ったきっかけは、働いていた雀荘のオーナーが最高位戦所属で、お客さんにも最高位戦の方が多くいたからです。

きっかけはこんな感じですが、**なるからには競技麻雀でトップを目指そうと思って、麻雀の世界へと足を踏み入れました。**

プロとして最高位戦に所属するには、まず1年間「奨励会」に通い勉強し、最後にテストをパスする必要があります。大学2年生の1年間はほとんど大学に行かず、ほぼ麻雀の勉強に没頭していました。親は毎日外出する私を見て、大学に行っていたと思っていたかもしれません。

幸い成績は良く、1年後、無事にプロ雀士の資格を得ることができました。

当時の麻雀プロは、収入や待遇面では今より不十分でした。ただリーグ戦に自主的に出ているだけで高い給料がもらえるわけではなく、雀荘で働きながら、休みの日にリーグ戦に出場するという感じです。ですから、「麻雀の世界でやっていこう！」と宣言しても、それで食っていけるわけではなかったのです。

元来、将来のことは楽観的に考える性質です。「そのうち死ぬんだから」ぐらいにいつも思っているので、そのときも先のことはあまり深く考えていませんでした。

最終テストに無事合格し、晴れて最高位戦への所属が決まったので、大学は中退。大学2年の終わりです。父に事後報告すると、「しょうがないな」という感じでした。

20歳、プロ雀士コバゴーの始まりです。

団体の分裂と「思わぬ収穫」

なんとなく麻将連合へ移籍

最高位戦に入ったちょうどその頃、団体内では分裂騒動が起きていました。当時、最高位戦の代表は井出洋介さんで、彼が最高位戦を発展させようとさまざまな企画を打ち出していたのですが、思ったようにうまく進まないという状況がありました。

あるとき、井出さんが「最高位戦を内部から変えるのはもう無理だから、独立する。今年のシーズンが終わったら新団体をつくるので、ついてくる奴だけついてこい」と宣言しました。

当時のプロ団体は、会費を払ってリーグ戦に出ているだけで、麻雀プロとしての仕事もほとんどないような状況でした。井出さんはそれを憂慮し、麻雀プロが職業としての認められる、真のプロ団体をつくろうと考えました。これが「麻将連合」[1]です。

長年いた最高位戦に愛着もあるし、井出さんの言うこともわかるし……ということで、残留するか独立するか、先輩方は迷っていました。私ももちろん迷いましたが、20歳の世間知らずの若造だったので、なんとなくついていったというのが実情です。

決め手は、「最初の1年目だけ最高位戦と麻将連合と両方登録していい」という取り決めになったことがあるかもしれません。つまり両方のリーグ戦に参戦できるということです。私を含めて数人は最高位戦と麻将連合の両方で登録していました。ただ結局、両団体の日程が被ることになり、最高位戦との掛け持ちはあきらめ、麻将連合1本に絞って活動することになりました。

分裂当時は、50人ぐらいいた最高位戦の会員がほぼ真二つに分かれるような状態でした。また、その他の団体からも井出さんへの賛同者が現れ、麻将連合に移籍する有力選手も何人かいました。残った最高位戦もこうした状況に危機感を持ち、団体として独自色を出すために一発裏ドラルールを採用し、団体の発展に取り組んできました。結果的に両団体とも成長でき、麻雀界全体の発展に寄与できたように思います。

1 設立時は「麻雀連合」だったが、2000年に中国国家が頭脳スポーツとして認めた「麻将」に表記を変更。

「雀士のプロ化」という麻将連合の理念

井出さんの理念は、「ただ打つだけではなく、麻雀を広く普及できるだけの知識と力をつけ、なおかつ麻雀の実力もつけて、その結果として職業としてのプロになる」というものでした。

プロとして普及活動をし、仕事としての麻雀でちゃんとしたギャラを貰って、本物の麻雀専門家になりましょう、ということです。かつ、麻雀の暗くてマイナーなイメージを脱却し、誰でも楽しめる、明るい麻雀の普及にも力を入れています。その一環で、「健康麻雀」[2]という、お年寄りでも楽しめる麻雀の普及と運営もしています。

井出さんの存在は、ゲームソフトの監修や、テレビ番組「割れ目でポン」の解説で知っていました。昔は有名麻雀プロといえば、小島武夫さんと井出さんぐらいでした。

最高位戦の奨励会に通って勉強していた頃も、生徒と講師という立場で接していたので、すごい人だという印象を持っていました。特に麻雀プロとしての考え方については、今でも共感する部分が多く、私は井出さんの影響を受けているといえます。

2 お金を「賭けない」お酒を「飲まない」タバコを「吸わない」で楽しむことを提唱する麻雀。「健康麻将」と表記することもある。

プロに育てられてプロに

麻雀プロになって20年以上が経ちましたが、試合や雀荘での対局を通じて、多くのベテランたちに麻雀を教えていただけたのは幸運だったと思います。すでにお亡くなりになった方でいうと、安藤満さん、飯田正人さんお二人とは何度も同卓させていただき、一流の麻雀を勉強させていただきました。

お二方とも、すごい方でした。安藤さんは、鳴きを多用して悪い流れを変えるという「亜空間殺法」で有名な方ですが、本当はなんでもできる方で、亜空間殺法は実はそんなに使っておらず、むしろそれ以外の打ち方がすごかったことを覚えています。

飯田さんは最高位戦で最多10期の最高位獲得、最多連覇をされ、永世最高位になっています。雀風は堅実で、基本的には我慢の麻雀を進めるものの、その飯田さんが攻めてきたら、もうアガられるのを待つしかありません。雀風的には、私に近いのは安藤さんのほうだったと思います。

存命中の方では、麻将連合に長年いた久保谷寛さんは、私と麻雀がだいぶ似てよく鳴く雀風で、よく同卓させていただきました。

「麻雀でメシを食う」ということ

ビギナーズラックでいきなり決勝

麻雀プロの団体は、所属選手が自主的に運営しているケースがほとんどでした。主力5団体はすべて、基本的には各々で会費を出し合い、その資金で運営していました。最近は各団体でスポンサーを募ったり、ゲームの監修などで収入を得るケースもあります。大規模な大会になればスポンサーがついて賞金が出ますが、日々行う各団体のリーグ戦では、会場を借りて運営する資金が必要です。それらの運営資金の一部は、所属する選手たちの会費で賄われています。

麻雀プロを他のプロスポーツにたとえるなら、プロ野球よりも、ボクシングに近いかもしれません。しかし、ボクシングのようにリターンは大きくありません。

さらに、プロとして活動し、目立った成績を残した選手だけが、賞金がつくような大きな大会に呼ばれるわけで、各団体のリーグ戦に出場しているだけの選手は、ただ団体への会費を払って対局を見せているにすぎず、ギャラはもらえません。

私がお金をもらえる大会に出たのは、プロ入りしてから1年経った1997年のこと。麻将連合ができて最初の大会「第1回μカップ」です。私にとって忘れられない大会となりました。

この試合で、私は順調に決勝まで進み、最終戦でも優勝寸前でした。自分でも変な牌を切ったなという局面も多々あったのですが、なぜかうまく事が運んだのです。

オーラスになり、「最年少で入って、団体として1回目の大会で、こんな下手くそな新人が優勝しちゃっていいのかな……」などと気持ちは安定せず、フワフワしていました。その間に、他選手に一気にまくられ、結局優勝を逃してしまったのです。

そのときは、珍しく堪えました。初決勝ということで動揺し、明らかなミスをしたのです。**今までいかにぬるい場所でしか打ってこなかったか、という後悔の念が押し寄せ、そのときからはしばらく、「もっとちゃんと麻雀打たなきゃダメだ、レベルを高めないと」と大反省しました。**

いまだに、プロになって一番心に残る敗戦です。

テレビに出られる放送対局に初めて出たのは2000年ごろ。麻雀対局を放送するCS放送「MONDO TV」で企画された若手プロの大会の予選に呼ばれたのです。業界内で知り合いが増えていく中で、将来有望な若手として、麻将連合からは小林、とチョイスしていただいたのでしょう。

お金をもらえる大会への出場ということと、当時、放送対局はMONDO TVしかなかったので、テレビに出られるということでも大変喜んだことを覚えています。

この大会では1年目は予選落ちしましたが、2年目には本戦に勝ち上がることができました。ちなみにこの大会で他に勝ち上がったのは、EX風林火山[3]の二階堂亜樹、今Mリーグで公式審判をやっている梶本琢程でした。この3人がモンドの同期生のような感じで、今でも共に活躍できていることを嬉しく思います。

その後、賞金が出る大会はいくつかあり、まずまずの成績を残していきました。

ギリギリ20代で「将王」に

3 オーナー:テレビ朝日/メンバー:二階堂亜樹、勝又健志、松ヶ瀬隆弥、二階堂瑠美。

2003年、26歳の頃に「野口恭一郎賞」で優勝しました。野口恭一郎氏は近代麻雀を発行する竹書房の創業者で、その名前を冠したこの賞は、21世紀の麻雀界を担う人材の頂点を決める大会として、2001年に始まったものです。

この野口賞は、5〜6日もかけて対局し、筆記や実技のマナーまで審査されます。「獲得」ではなく「受賞」と言われる名誉あるもので、私の初タイトルでした。

タイトル戦で思い出深いのは、2005年に麻将連合の年間リーグ戦最高位である「将王」のタイトルを初めて獲得したときのことです。

麻将連合内でまずはリーグ戦を年間で戦い、その上位7名と将王が戦い、勝った人に「将王」の称号が与えられます（現在は上位3名と将王で決定戦を戦う）。2003年から正式に始まり、第1期、第2期は原浩明さんが連覇して、私が優勝した2005年は3期目でした。29歳の頃です。

実力派揃いのプロが1年間しのぎを削り、リーグ戦でその団体年間チャンピオンを争うというこのタイトルは若手の目標と言ってもよいもので、麻雀プロにとって栄誉あるものです。「20代のうちに頂点に」を目標にしていた人は少なくなかったと思いま す。**麻雀プロになろうと決意したとき、「いつかは頂点に」と心に決めていたので、**

非常に嬉しかったのを覚えています。

その後、7期（2009年）、9期（2011年）にも、獲得することができました。

ネット放送は麻雀界の革命だった

「MONDO TV」の若手大会企画も終了し、私が第9期の将王を獲得した頃、ニコニコ動画で麻雀放送が始まりました。

そこで行われた新番組が「四神降臨」でした。特に評判を呼んだ企画が、プロ連盟を除くプロ麻雀の主力4団体（最高位戦、日本プロ麻雀協会、RMU、麻将連合）のリーグ戦トップが一堂に会し、その中の最強を決定するという2012年の企画です。

それまで、各団体の最強を決める試合というものは行われていませんでしたので、ファンからは大きな注目を浴び、私も楽しみにしていました。

石橋伸洋（最高位戦：最高位）、鈴木達也（日本プロ麻雀協会：雀王）、多井隆晴（RMU：令昭位）、小林（麻将連合：将王）の4人が出場したこの対決は、内容も濃いものになり、視聴者から非常に好評で、放送終了後のアンケートで「とても良かった」が98・2％に及ぶほどの名勝負となりました。実況・小林未沙、解説・土田浩翔、片山まさゆきという豪華スピーカー陣も、大会を盛り上げた立役者だったと思います。

この四神降臨の、麻雀界の発展に対する貢献度は非常に大きかったと思います。この成功をきっかけとして、ネットでの対局放送というコンテンツが広く知られるようになり、ニコニコ生放送のその他の番組でも麻雀企画が増えていきました。同時に麻雀プロに対する認知度や、選手の知名度も高まっていきました。

会場まで行かなければ観られなかった団体のリーグ戦が、インターネットで手軽に見られるようになったのです。

史上最高の舞台「Mリーグ」

2016年、麻雀界を変える大きな動きがありました。

サイバーエージェントの藤田晋社長の主導で、AbemaTV(現在はABEMA)の番組企画として「RTDリーグ」がスタートしたのです。団体の垣根を超えて集められた強豪雀士のみで行われる長期の個人リーグ戦で、私は3年目に優勝することができました。

成功を収めた「RTDリーグ」は、2018年には「Mリーグ」へと発展します。

「Mリーグ」は、4人組の8チームで戦う団体戦です。スポンサーとして大和証券、朝日新聞、チームオーナーとしてコナミ、KADOKAWA、サイバーエージェント、セガサミー、テレビ朝日、電通、博報堂、U－NEXTという、名だたる大企業が協賛として名を連ね、優勝賞金はなんと5000万円（選手ではなくオーナー企業に支払われます）。名実ともに、日本最大のリーグ戦です。

「RTDリーグ」「Mリーグ」は麻雀のプロスポーツ化に多大な貢献を果たしました。それまで、強い麻雀プロでも、競技麻雀の賞金だけで生活してくことは難しいのが実情でした。将棋や囲碁などと比べて、麻雀はプロが報われない業界だったのです。

しかし、「RTDリーグ」の賞金は当時としては破格でしたし、「Mリーグ」では選手の最低年俸400万円が保証されています。400万円はさほど多くない印象かもしれませんが、生活するには十分ですし、拘束期間が10月～翌5月までの半年強であること、これまでの麻雀プロが置かれていた状況を考えると、私は麻雀が「プロ化」していくことに感慨を覚えずにはいられません。

「Mリーグ」に参加できるのは、麻雀プロにとってはとても栄誉なことです。

1500〜2000人ともいわれるプロ雀士のうち、選ばれた32人だけが、「ABEMAが全対局を中継」という大舞台に上がることができます。

私はU-NEXTのパイレーツというチームに1位指名され、船長と呼ばれながら戦ってきました。2019年には優勝を果たしたのは、53、107、120ページでお伝えした通りです。この年は、チームの皆が大事なところで勝つことができました。

しかし2020年は、「いい偶然」が私に集中してしまいました。私個人ではレギュラーシーズンで個人成績3位、4着回避率はぶっちぎりで1位など好調でした。ところが他のメンバーはふるわず、レギュラーシーズンで敗退しました。

2021年のシーズンが、この10月から始まります。

麻雀は「選択」と「運」で結果が決まる競技です。どんなによい選択をしても、「悪い偶然」が起こってしまう確率をゼロにすることはできません。

しかし、選択の精度を上げて「よい偶然」が起こる確率を高めることはできます。「絶対に勝ちます」とは言えませんが、勝つ確率をギリギリまで上げていけるように、パイレーツの皆で勉強や研究を重ねていきたいと思います。

コラム5

「麻雀のルール」私ならこう変える

なくていい「四風子連打《スーフォンツリエンター》」「四槓算了《スーカンサンラー》」

現在日本で楽しまれている麻雀のルーツは、古くから中国で行われていたテーブルゲームです。明治末期に日本に伝わり、わが国なりのルールの改良を経て広く浸透してきました。したがって、そのルールの中にはいくつか、ルーツである中国麻雀の影響を残しているものもあります。

四風子連打というルールがあります。これは、1巡目で、東南西北のうち、4人が同じ種類の風牌を切ったときには、流局となるルールです。元々は、中国では縁起が悪いとされる「西」が4人連続した場合のみに適用されていたそうですが、いつしか4風いずれにでも当てはまるルールに変わっていったようです。

また、複数のプレイヤーで4つの槓ができあがった場合に流局となる四槓算了というルールがあります。亡くなった人を棺に入れて送る「死棺算了」と漢字の読みが一緒だから縁起が悪い、という理由でそうなったと聞きます。

私個人の意見としては、「縁起担ぎ」のようなルールに合理的な意義を見出すことができないので、なくてもいいと思います。

一方で、私たちが目指そうとする「競技麻雀としてより高い技術を競う」ことにも「偶然を扱うゲームとしての麻雀を普及する」ことに悪影響を及ぼすものではありませんので、そう目くじら立てるほどではありません。

そのルールの中で公正に争うことさえできれば問題ありませんから、「へー、そういう歴史的経緯があったんだなあ」と思い、そのルールの中で戦うだけです。

なくていい「天和」「地和」

ただ、似たようなルールでも、右のような目的と照らし合わせて、改善したほうがいい、なくしたほうがいいと思うようなルールは結構あります。

まず、天和、地和。これはなくしたほうがいいと思っています。親の配牌14枚がすでにアガリの形になっているのが天和、子の配牌13枚と最初のツモ1枚目でそうなっているのが地和です。天和が48000点、地和が32000点で、いずれも役満という最高評価となります。

正直、これはおかしいと思います。遊びでこのルールを楽しむのならともかく、プロ麻雀の世界は競技です。技術を競って強い人を決めようとしているときに、まったく技術が介在しないで成立する役があり、しかも最高得点というのが、ゲームをぶち壊しているように思います。

もちろんアガリとして認めるのは問題ありませんが、役の加算は不要のはずです。

麻雀は偶然のゲームなので、最初の配牌によって有利・不利の差がはっきり出ます。これは運によるものです。

しかし、個々が選択を重ねるうちに、徐々に実力がモノを言うようになってきます。「プロ麻雀は実力を競う競技なのだから、運や配牌の影響が強い捨て牌1段目のアガリは安くして、地力の差が出てくる2段目、3段目に入ってからの点数を段階的に高くしてはどうか?」という意見を聞いたことがあります。

その考え方でいくと、最も偶然性だけで成立する役が天和と地和です。

役満48000点ということは、アガリの最低点である1000点の48回分です。「このアガれなそうな手牌を、どう工夫して1000点でアガるか」「この2000点の手をいかに2600点にするか」など、脳味噌フル回転でやっている細かい努力が、天和1回で台無しです。技術の優劣を問うという本来の目的とは真逆のルールだと思います。「運を競うのではなく、技術を競うことが面白い」という認識が広まっていけば、天和・地和もなくなるかもしれません。実際、一部の競技麻雀では廃止(ツモのみ扱い)しています。

かつて、麻将連合の中で「天和と地和はなくしましょう」と提案したことがあります。反対意見多数で却下されましたが、「昔からある歴史のある役だから」「どうせめったにないし、あったらあったでめでたいし、いいじゃないか」というような意見があったように覚えています。

あってもいい「リーチ一発」「裏ドラ」

とはいえ麻将連合は、設立趣旨が競技麻雀の普及であるため、こうした偶然性の強いルールは排除する傾向にはあります。たとえば、一発裏ドラは採用していません。

ただ、競技麻雀だからといって、一般のルールとあまりにも乖離しすぎると、視聴者やファンの方にわかりにくくなってしまいます。それに、多くの人が慣れ親しんだルールとは別に、勝手に強い人を決めているような印象を与えかねないので、できるだけ一般のルールに歩調を合わせた改善を心がけています。ちなみにその他の団体ですと、連盟は一発裏ドラなし、最高位戦とプロ協会とRMUは一発がありです。

もともと競技麻雀では、一発裏ドラはありませんでした。25年前に麻将連合と最高位戦が分裂したとき、残った最高位戦がプロ団体として初めて一発裏ドラを導入してもっと一般的に広げていこうという方針でやり始め、それが浸透していったものです。

麻将連合が一発裏ドラを廃止する理由として井出さんは「サッカーでゴールが決まったときに『裏ドラが乗ったから、今の得点は4点です』って言われたら嫌でしょ」と説明しています。これはわかりやすいたとえだと思います。

あってもいい「赤入り」

赤ドラ[4]は、見ていて楽しいという利点はあります。

4 ドラの一種で、牌面を赤字で装飾した牌。得点が加算されるため破壊力が増す。

赤なしの場合、高い人だけが押して残りの人は降りる、というような地味な展開になりがちなところを、赤ありがあれば逆転の可能性も出てくるため盛り上がります。かなり一般的になってきていることともあり、そういう意味では、ありかと思います。

なくていい「ヤマづくり」

麻雀では、限られたスペースに136枚の牌を並べるため、4つの牌山にして積み上げなければなりません。山があると、ツモる場所を間違ったり、山が崩れたりというトラブルが起こりがちです。できればヤマがないほうがいいと私は思います。

そこで、ツモ牌ごとに、下からせり上がってくる形式にすれば、ヤマは不要ではないでしょうか？　ツモ番ごとに卓の真ん中から1枚ずつせり上がってきていて、手番の人が1枚ツモるとセンサーが働き、次のツモが上がってくるという形です。時代は自動配牌卓ですので、技術的には可能だと思います。

この「山なし自動卓」はほんのアイデアにすぎませんが、これまで当たり前だったことを、素朴な視点で改善していこうという姿勢は大切です。

おわりに

この本の出版のお話をいただいたとき、正直かなりとまどいました。

ここ20年以上麻雀しかしてこなかった私が、麻雀ファン向けの戦術論ではなく、一般向けの「メンタルを強くする方法」「ロジカルなものの考え方」を伝える本を書けるのだろうか……?

かなりの不安があったものの、周囲の励ましもあり、編集の方々の力を借りながらなんとか完成させることができました。

本書には麻雀牌が一切出てきません。

だからこそ、それほど麻雀に詳しくない方でも読める本になったと自負しています。

私が長年かけて築き上げてきた「確率思考」「勝負に負けない方法」「仕事に対する姿勢」を、十分にお伝えすることができたと思います。

いきなり全部を実践することは難しいかもしれませんが、どれか一つからでもいいので、ぜひ今から試してみてください。

嫌なことが起きても、望ましくない結果になっても、「悪い偶然が起きたな」と切り捨てる。

動揺したり、引きずったりせずに、よりよい選択肢や今後のプランを考え続ける。

それさえできれば、人生、仕事、麻雀など、あらゆるシーンにおいて、快適に、軽やかに、望む結果が出せるようになっていくはずです。


私の本業は麻雀プロです。単なる一プレイヤーにこのような本を書く機会をいただけるようになったのは、麻雀が認知されてきた証拠であり、大変ありがたいことです。

私が所属する麻将連合では全国で大会を開催していて、リーグ戦やタイトル戦の対局はニコ生やOPENREC、YouTubeで放送されています。

もう一つ所属するMリーグはABEMAやU－NEXTなどで観られます。

この本で初めて私のこと知った方も、これもご縁ですので、ぜひ一度対局放送を観ていただけると嬉しいです。

プロ雀士として、熱くハイレベルな戦いをお見せすることを、お約束いたします。

小林剛

なぜロジカルな人は
メンタルが強いのか?
現代最強雀士が教える確率思考

2021年10月8日　第1刷発行

著者　小林剛
発行者　大山邦興
発行所　株式会社 飛鳥新社
〒101-0003
東京都千代田区一ツ橋2-4-3
光文恒産ビル
電話(営業)03-3263-7770
(編集)03-3263-7773
http://www.asukashinsha.co.jp
ブックデザイン　小口翔平+三沢稜+畑中茜(tobufune)
編集協力　桑田篤(GLACIA)
校正　宮崎守正
印刷・製本　中央精版印刷株式会社

ISBN978-4-86410-803-4

編集担当　小林徹也、伊藤和史